ESOTERISCHES
WISSEN

Über die Autorin

Salle Merrill Redfield ist Autorin mehrerer Bücher und hält auf der ganzen Welt Vorträge über Meditation. Sie lebt gemeinsam mit ihrem Ehemann James Redfield in Florida.

Salle M. Redfield

Das Celestine Meditations-Handbuch

Eine Einführung
in das Vergnügen der Meditation

Deutsche Erstausgabe

WILHELM HEYNE VERLAG
MÜNCHEN

HEYNE ESOTERISCHES WISSEN
Herausgegeben von Michael Görden
08/9687

Aus dem amerikanischen Englisch übertragen
von Olaf Krämer

Titel der Originalausgaben:
THE JOY OF MEDITATING Warner Books, Inc., New York;
THE CELESTINE MEDITATIONS Text of Audio by Salle Merrill
Redfield erschienen bei Warner Books, Inc., New York

This edition published by arrangement with Warner Books, Inc.,
New York.

ISBN 3-453-10986-4

Gewidmet meinen Großmüttern,
Ruby Bray Merril und Louise Caton Waller,
denen ich, außer in meinen Meditationen,
in den letzten zwanzig Jahren
nicht begegnet bin.

Danksagung

Von Herzen danke ich hiermit: Gail Nelson für ihre bedingungslose Liebe und ihren unermüdlichen Zuspruch, Albert Clayton Gaulden, der dieses Buch bereits vor Augen hatte, als es für mich noch in den Sternen stand, und vor allem James, dessen unermüdliche Unterstützung für mich von unschätzbarem Wert ist.

Inhalt

Teil III

Teil IV

*Übe Dich in der Meditation über die Dinge;
widme Dich ihnen von ganzem Herzen;
auf daß Du den Nutzen mit allen teilest.*
                        Timothäer 4:15

Teil I

Einführung in das Vergnügen der Meditation

Vorwort
von James Redfield

Wir leben in einer Zeit immer schneller aufeinander folgender Veränderungen. Unser Lebensrhythmus bei der Arbeit, innerhalb unserer Gesellschaft und selbst bei uns daheim, hat sich so sehr beschleunigt, daß wir kaum noch mit dem Leben um uns herum Schritt halten können.

So ist das Leben für viele von uns zu einer Folge rapider, mitunter sogar verzweifelter Versuche geworden, sich in einem fort neu zu adjustieren, während wir gleichzeitig bemüht sind, alle Möglichkeiten zu nutzen und allen Anforderungen, die das moderne Leben an uns und unsere Kinder stellt, gerecht zu werden.

Hinzu kommt, daß wir uns historisch in einem Zeitabschnitt erhöhter Erwartung befinden. Instinktiv scheinen wir zu wissen, daß unser Leben nicht so sein muß, und daß es uns durch eine Veränderung unserer Denkweise möglich ist, unseren Pflichten und den uns unerwartet entgegentretenden Herausforderungen mit einer neuen inneren Haltung zu begegnen.

Wir möchten uns ›im Fluß der Dinge‹ befinden und die alltäglichen Anforderungen ›in den Griff bekommen‹, anstatt ihnen ständig hinterherzujagen und einen Flächenbrand nach dem anderen löschen zu müssen.

Für eine stetig wachsende Gruppe von Menschen ist Meditation zu einem wichtigen Hilfsmittel bei der Verarbeitung von Streß und für ein freudigeres Leben innerhalb der modernen Gesellschaft geworden.

Ich kenne niemanden, der in der Lage wäre, mit Worten zu beschreiben, welchen Effekt nur einige Minuten gedanklicher Stille am Tag bei einem Menschen zu erzielen imstande sind. Untersuchungen unterschiedlichster Art haben mittlerweile bewiesen, daß Meditation im menschlichen Körper Veränderungen bewirkt, die geeignet sind, tiefe Entspannung zu fördern und geistige Streßzustände abzubauen. Die Veränderung unserer Wahrnehmungsfähigkeit durch die Anwendung von Meditation ist noch dramatischer.

Da unser Verstand durch die Kunst der Meditation von bedeutungslosem, ständig wiederkehrenden Gedankenmüll befreit wird, steht uns mehr Zeit und stärkere Klarheit zur Verfügung, mit deren Hilfe wir uns um die wirklich wichtigen Sachen in unserem Leben kümmern können.

Selbst der Ablauf der Zeit scheint sich zu verlangsamen und mit einem Mal sehen wir uns nicht nur in der Lage, dem Lauf der Dinge einen Schritt voraus zu sein, wir finden zwischendurch sogar noch Zeit ein wenig an den berühmten Blumen des Lebens zu schnuppern.

Wir leben und reflektieren über die Natur dieser Existenz.

Selbstverständlich beruhen diese Schilderungen auf individuellen Erfahrungen – kein Mensch ist imstande, einen derartigen Wandel zu verstehen, ohne ihn am eigenen Leib erfahren zu haben. Das Ihnen vorliegende Buch richtet sich deshalb nur an diejenigen, die bereit sind, diese Erfahrung zu machen.

Einleitung

Die ganze Tragweite der regelmäßigen Ausübung von Meditation wurde mir während einer dramatischen Veränderung meiner Lebensumstände im Jahr 1989 deutlich. Im Verlauf dieses Jahres beendete ich eine siebenjährige Ehe, verkaufte mein Haus und zog von meinen Freunden fort, in einen anderen Bundesstaat. Die Schnelligkeit mit der sich dieser Übergang vollzog, führte bei mir zu erhöhtem Streß und einer starken inneren Unruhe. Obwohl ich bereits in der Vergangenheit gelegentlich meditiert hatte, begann ich erst jetzt damit, dies tagtäglich zu tun.

Bald nach meinem Umzug stieß ich in meiner neuen Heimatstadt auf eine Gruppe von Leuten, die sich jede Woche trafen, um die unterschiedlichen Möglichkeiten von Meditation und Gebet eingehender zu erforschen.

Die Gruppe wurde von einer sehr intuitiven Frau geführt, die den Mitgliedern dabei behilflich war sich zu entspannen, Liebe zu empfinden und sich mit einem höheren Aspekt der menschlichen Daseinsform zu verbinden. Durch die von ihr angeleiteten Visualisierungen erhöhte sich mein Wohlbefinden und mein Vertrauen in den Prozeß. Ich fing an, mich auf die wöchentlichen Meditationen zu freuen und freundete mich mit den Gruppenmitgliedern an.

Bei jedem unserer Zusamentreffen teilten wir einander unsere während der Meditation gefaßten Absichten mit, um uns auf diese Weise gegenseitig bei der Lösung unserer Probleme behilflich zu sein. Einigen von uns gelang es auf diese Weise sofort zu wichtigen Erkenntnis zu gelangen, aber oft spürten wir die nachhaltige Klarheit eines dieser friedvollen Abende erst geraume Zeit später. Gleichgültig jedoch, wie unsere jeweilige Verfassung zu Beginn der Meditation auch gewesen sein mochte, fühlten wir uns danach immer wesentlicher wohler. Bedingt durch eine Reihe von Synchronien, wurde ich schließlich darum gebeten, die Leitung der Meditationsgruppe zu übernehmen – eine, wie sich herausstellte, ausgezeichnete Vorbereitung für die Meditationen, die ich zwei Jahre später mit tausenden von Menschen führen sollte, während ich mit meinem Mann, James Redfield, beinahe den gesamten Globus bereiste und er über sein Buch, *Die Prophezeiungen von Celestine,* sprach. Es war ebenso eine Vorbereitung auf die Meditationen, die später als Audiokassette unter dem Titel, *The Celestine Meditations* veröffentlicht werden sollten. Erst im Verlauf der oben erwähnten Reise wurde mir klar, wie verbreitet Meditation wirklich ist.

Wurden meditative Übungen in der Vergangenheit vor allem mit östlichen Religionen, oder im Westen mit esoterischen Lehren in Verbindung gebracht, so gelten sie heute eher als eine extrem entspannende und nutzbringende ›Geistesverfassung‹, die praktisch von jedem erreicht werden kann und die auf dem besten Weg ist, auch von der Wissenschaft akzeptiert zu werden.

In seinem mittlerweile zum modernen Klassiker avancierten Buch und der dazu entstandenen Fernsehproduktion *Healing and The Mind,* schildert Bill Moyers die Arbeit und die Forschungen zweier anerkannter Kapazitäten im Bereich der ganzheitlichen Medizin: Jon Kabat-Zinn, Ph.D., und Dean Ornish, M.D.

Jon ist der Gründer und Leiter der Stress Reduction Clinic an der medizinischen Fakultät der Universität von Massachusetts und ist auf der ganzen Welt dafür bekannt, daß er Yoga und Meditation bei der Behandlung von chronischen Schmerzzuständen und streßbedingten Krankheitsbildern anwendet.

Jons Forschungsarbeit an der *Stress Reduction Clinic* hat bewiesen, daß Meditation ein wirksames Hilfsmittel bei der Behandlung von Bluthochdruck und inneren Unruhezuständen ist – und, noch wichtiger, auch vorbeugend gegen diese Krankheitsbilder eingesetzt werden kann. Zu den durch Meditation errreichten positiven Effekten gehören erhöhte geistige Aufnahmefähigkeit, sowie verstärkte körperliche Empfindsamkeit, erhöhte Kontrolle über die Gefühle und eine Vermehrung der kreativen Fähigkeiten.

Dr. Ornish ist der Leiter des *Preventive Medicine Research Instituts* an der medizinischen Fakultät der Universität von San Francisco und stellvertretender Professor für klinische Medizin. Seine Untersuchungen bewiesen zum ersten Mal, daß Erkrankungen der Herzkranzgefäße durch ein strikt eingehaltenes Programm aus gesunder Ernährung, Bewegung und Meditation ohne den Einsatz von Medikamenten oder chirugischen Eingriffen rückgängig gemacht werden können.

Für mich ist Meditation mittlerweile zu einem lebenswichtigen Bestandteil meines Alltags geworden. Sobald ich damit beginne, mich aus meinem täglichen Trott ein wenig zu lösen, tief einzuatmen und auf die Natur meiner Gedanken zu achten, stoße ich in meinem Inneren auf tiefen Frieden. Eine meiner Lieblingsmeditationen besteht darin, Spaziergänge in der freien Natur zu unternehmen. Beim Spazierengehen im Wald oder am Strand verspüre ich eine starke und tiefe Verbindung mit der göttlichen Kraft, ich gewinne Klarheit und merke, wie sich mein Kreativitätsfluß steigert.

Durch das verstärkte Bekanntwerden des unmittelbaren Nutzens von Meditation in unserer Gesellschaft, interessieren sich immer mehr Menschen dafür, eigene Erfahrungen auf diesem Gebiet zu machen. Die Aufgabe dieses Buches besteht darin, den Zugang zu diesem Feld, vor allem durch meditative Entspannungsübungen, sowie die Kunst der Visualisierung und die Steigerung der Vorstellungskraft zu erleichtern.

Die vier nun folgenden Meditationen sind so angelegt, daß sie ohne viel Mühe in jede Lebenssituation integriert werden können. Sie befinden sich in einer festgelegten Reihenfolge, deshalb ist es wichtig, daß Sie mit der ersten Meditation beginnen, bevor Sie sich den anderen zuwenden. Jede der Meditationen dauert etwa fünfzehn bis zwanzig Minuten. Lassen Sie sich Zeit, um jeden der angesprochenen Gedanken vollständig zu visualisieren.

Ich empfehle Ihnen, dieses Buch auf ihrem Nachttisch aufzubewahren, damit es Ihnen immer dann zur Verfügung steht, wenn Sie sich entspannen und auf ihre Gedanken konzentrieren wollen. Vergessen Sie dabei nicht, daß die folgenden Meditationen ihre Wirksamkeit nur dann vollständig entfalten können, wenn sie in positiver Absicht und in einem Zustand geistiger und körperlicher Entspannung ausgeübt werden. Öffnen Sie ihr Herz ... und Sie werden dort auf die Freuden der Meditation stoßen.

Erste Meditation

Die erste Meditationsübung dient dazu, die Muskeln Ihres Bewegungsapparates zu entspannen, sowie eine eventuell vorhandene innere Anspannung und Unruhe zu lösen.

Es ist wichtig, daß sich Ihr Körper im Verlauf der Meditation entspannt, bevor Sie darangehen können, Ihre Gedanken zu ordnen und sich einem höheren Bewußtsein zu öffnen.

Ich rate Ihnen, sich dazu in einem bequemen Sessel, auf dem Boden oder auf dem Bett niederzulassen. Durch den alltäglichen Streß dem jeder von uns ausgesetzt ist, neigt unser Körper an den unterschiedlichsten Stellen zu zum Teil schmerzhaften Muskelverspannungen, die am häufigsten in der Rücken-, Hals- und Schultergegend auftreten. Sollten Sie Probleme mit Ihrem Rücken haben, kann es unter Umständen besser sein, daß Sie sich flach hinlegen und ein Kissen unter ihre Knie schieben, um den Rücken zu entlasten.

Im Verlauf der folgenden Meditation werden Sie dazu aufgefordert, Ihre Muskeln leicht anzuspannen und wieder zu lockern. Diese Bewegung des ›Loslassens‹ wird Ihnen bei der Entspannung behilflich sein. Mit zunehmender Entspannung Ihres Körpers kann es sein, daß Sie Ihre jeweilige Position verändern wollen. Dies ist völlig normal.

Achten Sie ebenfalls darauf, daß Sie währen der gesamten Meditation frei und ungehindert durch-atmen.

Meiner Erfahrung nach kommt es bei der Durchführung der folgenden Meditationen zu den besten Resultaten, wenn Sie unaufdringliche In-strumentalmusik im Hintergrund laufen lassen. Musik hilft Ihnen dabei, sich zu entspannen und Ihren Verstand zu fokussieren.

Im Verlauf der Meditation kann es unter Um-ständen dazu kommen, daß Ihr Verstand unruhig wird und anfängt, von einem Gedanken zum nächsten zu wanderen. Möglicherweise stoßen Sie dabei auf Situationen, die Sie in der Vergangenheit oder früher am Tag stark beunruhigt haben. Bemühen Sie sich, diese Gedanken ziehen zu las-sen und machen Sie sich klar, daß später noch genügend Zeit zur Verfügung steht, um sich mit ih-nen zu befassen.

Vergessen Sie nicht, daß es sich hier um eine Meditation für Anfänger handelt. Sie können dabei nichts richtig oder falsch machen.

Versuchen Sie einfach, sich zu entspannen und den Anweisungen so gut es geht zu folgen. Je häu-figer Sie diese Meditation ausüben, desto leichter wird Sie Ihnen fallen.

MEDITATION

Lassen Sie zu Beginn der Meditation vorsichtig Ihre Muskeln spielen, bis sich Ihr Körper in einer bequemen und entspannten Position befindet.

Lassen Sie sich in Ihren Körper ›fallen‹ und gestatten Sie ihm, sich in Ihrem Sessel, auf dem Boden oder auf Ihrem Bett völlig zu entspannen.

Beginnen Sie nun damit, die Vorgänge in Ihrem Körper genauer zu beobachten und zu empfinden.

An welchen Stellen ist Ihr Körper entspannt? Wo fühlt er sich verspannt an?

Achten Sie darauf, wie Sie atmen.

Spüren Sie, wie sich Ihre Lungen weiten, Ihre Brust und Ihre Bauchdecke sich heben und senken, während Sie regelmässig ein- und ausatmen.

Atmen Sie jetzt tief ein.

Atmen Sie durch die Nase ein und durch den Mund wieder aus.

Lassen Sie die Luft langsam entweichen.

Richten Sie Ihre Aufmerksamkeit nun auf Ihre Füße. Was fühlen Sie dort?

Spannen Sie die Muskeln in Ihren Füßen für einige Sekunden leicht an... dann entspannen Sie sich wieder.

Richten Sie Ihre Aufmerksamkeit nun auf Ihre Unterschenkel.

Spannen Sie die Unterschenkel für einige Sekunden leicht an... dann entspannen Sie sich wieder.

Und jetzt Ihre Oberschenkel. Spannen Sie Ihre Musken dort leicht an... dann entspannen Sie sich wieder.

Sollten Ihre Beinmuskeln weiterhin verspannt bleiben, wiederholen Sie die Entspannungsübungen ein weiteres Mal.

Spannen Sie Ihre Muskeln an... dann entspannen Sie sich wieder.

Falls Ihnen danach sein sollte, verändern Sie ruhig die Position Ihres Körpers.

Als nächstes richten Sie Ihre Aufmerksamkeit auf die Hüftgegend, Ihr Gesäß und auf die untere Region Ihres Rückens.

Was fühlen Sie dort?

Versuchen Sie, jede dort befindliche Spannung zu lösen.

Spannen Sie die Muskeln Ihres Gesäßes für ein oder zwei Sekunden an... dann entspannen Sie sich wieder.

Richten Sie die Aufmerksamkeit nun auf ihren Bauch und Ihren Darmtrakt. Was fühlen Sie dort?

Da Ihre Muskeln in diesen Körperteilen unter Streß besonders dazu neigen, sich zusammenzuziehen, stauen sich dort häufig innere Anspannungen.

Richten Sie Ihr volles Bewußtsein darauf, Ihren Magen und Ihren Darm zu entspannen, indem Sie einmal tief durchatmen.

Nun lassen Sie Ihre Aufmerksamkeit die Brust hinaufwandern.

Spüren Sie erneut, wie sich Ihre Lungen und Ihre Brust beim ein- und ausatmen öffnen und weiten.

Dann konzentrieren Sie sich auf Ihre Rückenmuskeln.

Bewegen Sie nun Ihren Rücken ein wenig hin und her, um eventuelle Verspannungen der Rückenmuskulatur zu lösen.

Um die Muskeln zwischen Ihren Schulterblättern zu entspannen, beschreibt Ihr Rücken nun einen leichten Bogen, während Sie die Schulterblätter für ein oder zwei Sekunden zusammendrücken und danach wieder entspannen.

Ihre Schultermuskeln neigen unter Streß vor allem in der Nackenregion dazu, sich zu verspannen. Achten Sie darauf, daß Ihre Schultern flach aufliegen und entspannt sind.

Achten Sie darauf, wie sich Ihr Nacken anfühlt, nachdem Sie Ihre Schultern gesenkt haben.

Für den Fall, daß Sie Verspannungen im Nackenbereich empfinden, werden wir jetzt darangehen, dieses Unbehagen ein wenig zu lindern.

Gehen Sie langsam und behutsam daran, Ihre Nackenmuskeln ein wenig zu dehnen.

Wenden Sie Ihren Kopf dazu so, als würden Sie sich von links nach rechts umschauen.

Dabei ist es wichtig, daß Sie Ihre Bewegungen langsam und ohne Widerstände ausführen.

Gehen Sie mit Ihrem Nacken behutsam um und bewegen Sie ihn nur soweit, wie es Ihnen möglich ist, ohne Schmerzen dabei zu empfinden.

Bewegen Sie Ihren Kopf jetzt langsam im Uhrzeigersinn und kurz darauf in die entgegengesetzte Richtung.

Spüren Sie, wie Ihre Nackenmuskeln sich langsam entspannen.

Gehen Sie nun behutsam daran, Ihren Unterkiefer zu bewegen. Achten Sie dabei auf eventuell auftretende Verspannungen.

Sollten sich ihre Kiefermuskeln verspannt anfühlen oder schmerzen, beißen Sie die Zähne zusammen und entspannen sich wieder. Wiederholen Sie diese Übung ein oder zwei Mal.

Bewegen Sie Ihren Unterkiefer nun von links nach rechts und dann von rechts nach links.

Achten Sie darauf, ob das Zähnezusammenbeißen Ihnen dabei geholfen hat, sich zu entspannen und die schmerzhafte Verkrampfung an dieser Stelle zu lösen.

Atmen Sie tief ein, halten Sie den Atmen für kurze Zeit an und atmen Sie langsam wieder aus.

Entspannen Sie nun Ihre Gesichtsmuskeln, indem Sie sie zunächst anspannen und gleich darauf wieder entspannen.

Als nächstes entspannen Sie ihre Stirnmuskeln, indem Sie zunächst die Augen zukneifen und dann die Augenbrauen in die Höhe ziehen.

Versuchen Sie, Ihre Kopfmuskeln völlig zu entspannen.

Richten Sie Ihre Aufmerksamkeit nun auf Ihre Arme und Hände.

Ballen Sie für einen Augenblick die Fäuste und strecken Sie die Hände dann.

Spannen Sie Ihre Armmuskeln an und entspannen Sie sich wieder.

Bewegen Sie Ihre Arme und Hände und lassen Sie sie dann wieder in eine bequeme Position zurückkehren.

Jetzt zählen Sie langsam bis zehn.

Spüren Sie, wie Ihr Körper sich langsam völlig entspannt und sich die Widerstände lösen. Sie fühlen sich jetzt wie ein weiche Puppe.

Richten Sie Ihre Aufmerksamkeit erneut auf Ihren Körper.

Sollten Sie dabei auf weitere Verspannungen stoßen, so spannen Sie die betreffenden Körperteile zunächst an und entspannen sie dann wieder.

Atmen Sie jetzt drei Mal tief durch.

Atmen Sie tief durch die Nase ein... und lassen Sie die Luft langsam durch den Mund wieder entweichen.

Atmen Sie noch einmal ein und halten Sie den Atem für vier Sekunden an, bevor Sie wieder ausatmen.

Jetzt atmen sie ein weiteres Mal langsam ein.

Halten Sie den Atmen wieder für vier Sekunden an, dann atmen Sie langsam wieder aus.

Fühlen Sie, wie sich Ihr Körper allein durch Ihr konzentriertes Atmen entspannt.

Stellen Sie sich jetzt vor, daß Ihr Körper von einem kraftspendenden und heilenden Lichtschein umgeben ist.

Fühlen Sie, wie Ihr Körper dieses Licht aufnimmt und absorbiert.

Verwenden Sie dieses Licht in Ihrem Körper dazu, jede Verspannung zu durchströmen und zu lösen.

Atmen Sie das Licht tief in Ihre Lungen.

Genießen Sie einen Augenblick lang den Frieden und die Ruhe in Ihrem Inneren und Ihre Verbindung mit dem heilenden und liebevollen Licht.

Bevor Sie die Meditation für heute beenden, atmen Sie noch einmal tief ein und wieder aus.

Lassen Sie das Licht sich an die Stelle zurückziehen, von der es urspünglich zu Ihnen gekommen ist, und vergessen Sie nicht, daß dieses Licht ihr ständiger Begleiter ist.

Sobald Ihnen danach zumute ist, beginnen Sie damit, Ihren Körper sanft zu bewegen und öffnen Sie die Augen.

Bevor Sie jetzt in Ihren Alltag zurückkehren, denken Sie daran, Ihre Schultern zu senken, tief durchzuatmen und das heilende Licht zu sich zu rufen, sobald Sie meinen, Streß zu verspüren oder Ihr Leben aus der Balance zu geraten droht.

ZWEITE MEDITATION

Die folgende Meditation dient dazu, Ihre im Verlauf der ersten Meditation entwickelten Fähigkeiten sich zu entspannen und Ihren Verstand zu beruhigen weiter zu verstärken. Nachdem Sie sich bereits daran gewöhnt haben, völlig zu entspannen, sind Sie nun bereit, Ihr Bewußtsein und Ihre Wahrnehmung mit Hilfe sogenannter Visualisierungen zu erweitern.

Die folgende Meditation beginnt mit einer kurzen Entspannungsübung. Danach werden Sie im Geist eine kurze Reise antreten, die Sie auf einem waldigen Pfad zu einem kristallklaren Strom führt.

Dort angekommen, werden Sie sich niederlassen und in die Sie umgebende Schönheit eintauchen, indem Sie die dort auftretenden Farben und Formen visualisieren. Erschaffen Sie diese geistige Welt so vollständig wie nur möglich. Vertrauen Sie dabei auf die inneren Bilder, die sich spontan bei Ihnen einstellen. Sollten Sie anfänglich Schwierigkeiten damit haben, klare und eindrückliche Bilder zu empfangen, üben Sie sich ein wenig in Geduld. Je häufiger Sie diese Meditation anwenden, desto leichter wird es Ihnen fallen, sich die Szenerie selbst vor Augen zu führen.

Beginnen wir die Meditation, indem wir einmal tief durchatmen.

Atmen Sie langsam durch die Nase ein und durch den Mund wieder aus.

Achten Sie darauf, daß sich Ihr Körper in einer bequemen Position befindet und daß Ihr Rücken nicht unnötig belastet wird.

Konzentrieren Sie sich für eine Weile auf Ihren Körper und achten Sie darauf, wie er sich anfühlt.

Welche Körperteile sind bereits entspannt und an welchen Stellen halten sich noch eventuelle Verspannungen?

Konzentrieren Sie sich, wie schon in der vorangegangenen Meditation, zunächst auf Ihre Füße und achten Sie auf Ihr Gefühl dabei.

Sollten Ihre Füße verspannt sein, so spannen Sie sie ein wenig an und entspannen sie dann wieder.

Richten Sie Ihre Aufmerksamkeit nun auf Ihre Beine. Sollten Sie dort Verspannungen verspüren, ziehen Sie die Muskeln leicht zusammen und entspannen sie wieder.

Vergessen Sie nicht, tief und regelmäßig zu atmen, während Sie Ihren Körper entspannen.

Wenden Sie die Aufmerksamkeit nun Ihrem Oberköper und Ihrem Rücken zu.

Wie fühlen sich Nacken- und Schulterpartie an?

Ist die Stelle zwischen Ihren Schulterblättern verspannt oder nicht?

Bewegen Sie Ihre Schulterblätter und achten Sie darauf, ob dies zu Ihrer Entspannung beiträgt.

Falls Sie sich dort steif oder verspannt fühlen, atmen Sie tief durch und entspannen Sie Ihre Muskeln mit Hilfe Ihres Atems.

Atmen Sie nun ein und stellen Sie sich vor, wie sich ihre Muskeln lockern.

Kontrollieren Sie als nächstes Ihre Schulterpartie und achten Sie darauf, daß die Schultern gesenkt und entspannt sind.

Wie fühlt sich Ihr Nacken heute an?

Bewegen Sie langsam den Kopf von einer Seite zur anderen, damit sich Ihre Nackenmuskeln lockern und entspannen können.

Fahren Sie fort, indem Sie sich nach und nach auf alle weiteren Körperteile konzentrieren und diese gegebenenfalls lockern und entspannen.

Spannen Sie alle steifen Muskeln an und entspannen sie dann wieder.

Jetzt zählen Sie langsam bis zehn.

Atmen Sie drei Mal tief durch.

Atmen Sie langsam durch die Nase ein und durch den Mund wieder aus.

Atmen Sie noch einmal ein und halten Sie nun den Atmen für vier Sekunden an, bevor Sie wieder ausatmen.

Ein letztes Mal: Einatmen und den Atem anhalten... dann wieder ausatmen.

Richten Sie Ihre Aufmerksamkeit wieder auf die Stellung Ihres Körpers und korrigieren Sie sie, falls es nötig sein sollte.

Bereiten Sie sich jetzt auf den Antritt einer mentalen Reise vor, die Sie auf einem waldigen Pfad zu einem ruhig dahinfließenden Gewässer führt.

Beginnen Sie die Reise, indem Sie sich vorstellen, wie Sie vor einem Tor stehen.

Stellen Sie sich vor, wie das Tor aussieht. Ist es schlicht und einfach, oder verziert und prachtvoll?

Visualisieren Sie das Tor, das Ihnen am einladendsten und vertrauenserweckendsten erscheint.

Dieses Tor dient Ihrem Schutz und dazu, die heiligen Plätze dahinter zu schützen. Sie sind die einzige Person, die durch dieses Tor treten darf, es sei denn, Sie laden jemanden ein, mit Ihnen zu gehen.

Öffnen Sie das Tor, schreiten Sie hindurch. Dann schließen Sie es wieder hinter sich.

Setzen Sie Ihren Fuß auf den Pfad, der sich vor Ihnen erstreckt.

Schauen Sie sich die Sie umgebenden hohen Bäume, die Farnkräuter und die grünen Blattpflanzen genau an.

Welche Beschaffenheit hat der Pfad, auf dem Sie sich befinden?

Handelt es sich um einen natürlichen Pfad oder ist er gepflastert?

Es ist ein wunderschöner Sommertag und die Sonne scheint.

Am Wegesrand blühen duftende Wildblumen. Verweilen Sie dort einen Augenblick und atmen Sie den Duft der Blumen ein.

Während Sie Ihren Weg fortsetzen, spüren Sie, wie Ihr alltägliches Leben für einen Augenblick hinter Ihnen zurückbleibt.

Sie hören das Rauschen des Wassers in dem nahegelegenen kleinen Fluß.

Verlassen Sie den Pfad, treten Sie auf das kühle Gras und gehen Sie auf den Fluß zu.

Einen Moment lang blicken Sie sich um und finden einen ruhigen und friedlichen Platz an dem Sie sich niederlassen.

Dieser Platz kann im Gras, auf einer Decke oder auf einem Stein sein. Vielleicht möchten Sie sich auf einem Stein in der Mitte des Flusses niederlassen.

Suchen Sie sich den Ort, der Ihnen am meisten zusagt.

Bleiben Sie für einen Moment still dort sitzen und betrachten Sie in aller Ruhe Ihre Umgebung.

Sie sehen prächtige alte Bäume mit tiefgrünen Blättern. Möglicherweise sehen Sie eine Vielzahl bunter Wildblumen oder eine Anzahl unterschiedlichster Pflanzen.

Wenden Sie Ihren Blick jetzt stromaufwärts und beobachten Sie, wie das Wasser über das graubraune Gestein des Flußbettes fließt. Sie sehen das Moos, das sich auf einigen der Steine niedergelassen hat.

Spüren Sie den wohltuend kühlen Schatten unter den tiefhängenden Ästen der Bäume am Ufer.

Betrachten Sie die Spiegelung der Sonne auf der Wasseroberfläche.

Schauen Sie auf das Wasser und versuchen Sie festzustellen, ob sich kleine Fische darin befinden. Achten Sie auf ihre unterschiedlichen Formen und Farbgebungen.

Jetzt lauschen Sie auf die Geräusche der Vögel und der Grillen im Hintergrund.

Das Wassser zu Ihren Füßen blubbert und wirbelt mit beruhigender Stetigkeit über die Steine.

Greifen Sie mit beiden Händen in den Fluß und spüren Sie das kühle Wasser auf Ihrer Haut. Wenn Ihnen danach ist, lassen Sie auch Ihre Füße ins Wasser baumeln.

Schauen Sie noch einmal in das strömende Wasser und achten Sie dabei auf einen Stein oder Kiesel, der Ihre besondere Aufmerksamkeit erregt.

Greifen Sie mit der Hand ins Wasser und holen Sie den Stein an die Oberfläche.

Ist der Kiesel rund und weich oder spitz und scharfkantig? Untersuchen Sie ihn für einen Augenblick auf seine genauen Eigenschaften.

Sobald Sie damit fertig sind, lassen Sie den Kiesel wieder in das Wasser gleiten.

Machen Sie es sich jetzt bequem und schauen Sie in die Ferne des blauen Himmels und auf die weißen Wolken, die über Ihrem Kopf vorbeiziehen.

Fühlen Sie, wie eine kühle Brise über Ihren Körper streicht.

Sie werden durch die Erde versorgt und gestärkt.

Machen Sie sich bewußt, daß Sie sich genau an dem Ort befinden, an dem Sie sich befinden sollen.

Spüren Sie die Anwesenheit einer liebevollen Kraft, die über Sie wacht und die Sie versorgt. Eine Kraft, die größer ist, als Sie selbst.

Lassen Sie sich einen Augenblick Zeit, um Ihre Verbindung mit der Sie umgebenden Schönheit auf Sie wirken zu lassen und zu genießen.

Fühlen Sie, wie Sie von Liebe und Frieden erfüllt werden und wie sich Ihr Körper mit Licht füllt.

Spüren Sie, wie jede Zelle Ihres Körpers von diesem Licht durchdrungen und gestärkt wird.

Atmen Sie tief ein und fühlen Sie, wie Sie mit Ihrer Umgebung und dem ganzen Universum in eine harmonische Beziehung treten und schließlich damit verschmelzen.

Atmen Sie erneut ein und verbinden Sie sich ein letztes Mal mit der Sie umgebenden Schönheit.

Sobald Sie soweit sind, bereiten Sie sich darauf vor, diesen heiligen Ort zu verlassen. Vergessen Sie nicht, daß Sie von nun an jederzeit dorthin zurückkehren können.

Werfen Sie einen letzten Blick auf Ihre Umgebung.

Entfernen Sie sich jetzt von dem fließenden Gewässer und betreten Sie wieder den Pfad, der Sie an diesen Ort geführt hat.

Sie wissen jetzt, daß sich etwas in Ihrem Inneren durch die eben gemachte Erfahrung verändert hat.

Auf dem Rückweg bemerken Sie wieder die Bäume und Wildblumen am Wegesrand.

In der Ferne können Sie jetzt das Tor erkennen.

Sobald Sie das Tor erreicht haben, öffnen Sie es langsam und treten hindurch.

Schließen Sie das Tor hinter sich und bereiten Sie sich allmählich darauf vor, die Meditation zu beenden.

Bewegen Sie Ihren Körper ein wenig.

Atmen Sie tief ein, bevor Sie sich wieder Ihrem Alltag zuwenden.

Dritte Meditation

Auch diese Meditation baut wieder auf der vorangegangenen auf. Sie beginnt damit, daß Sie Ihren
Körper entspannen und danach wieder den Waldpfad hinabgehen und sich an das Ufer des kleinen
Flusses begeben, wo Sie sich noch einmal die dort
erlebten Eindrücke und Bilder vergegenwärtigen
und sich mit der Sie umgebenden Schönheit verbinden.

Bald werden Sie weiter den Pfad entlanggehen,
bis Sie an einen majestätisch daliegenden See mit
klarem, frischem Wasser gelangen.

Hier werden Sie sich für ein Gefühl der Liebe
öffnen und dieses Gefühl weiter erforschen. Der
Sinn der nun folgenden Meditation besteht darin,
eine tiefere Erfahrung mit der göttlichen Kraft zu
machen und dieser Erfahrung auf den Grund zu
gehen.

Beginnen Sie die Meditation, indem Sie tief durch-atmen.

Spüren Sie, wie Ihre Brust und Ihr Bauch sich heben und senken, während Sie langsam durch die Nase einatmen und durch den Mund wieder ausat-men.

Achten Sie jetzt auf Ihren Körper.

Welche Körperteile sind entspannt und welche nicht?

Beginnen Sie mit Ihren Füßen und untersuchen Sie dann den restlichen Körper.

Denken Sie daran, jeden verspannten Muskel zunächst anzuspannen und dann wieder zu lockern.

Entspannen Sie Ihre Bauchmuskeln und Ihren Verdauungstrakt.

Achten Sie darauf, daß Ihre Schultern entspannt sind und flach aufliegen.

Legen Sie Ihre Arme und Hände in eine für Sie natürliche Position.

Falls notwendig, verändern Sie danach noch einmal Ihre Stellung.

Jetzt beginnen Sie damit, langsam bis zehn zu zählen.

Als nächstes atmen Sie drei Mal nacheinander durch die Nase ein und durch den Mund wieder aus.

Halten Sie jeden der Atemzüge für vier Sekunden, bevor Sie wieder austamen.

Geben Sie dadurch soviel Spannung wie nur irgend möglich ab und vertrauen Sie darauf, daß sich Ihr Körper im Verlauf der folgenden Meditation auf natürliche Weise und von selbst weiter entspannen wird.

Jetzt stellen Sie sich vor, wie Sie wieder vor dem Tor stehen, durch das Sie zu Beginn der letzten Meditation gegangen sind.

Erinnern Sie sich daran, daß einzig Sie dazu in der Lage sind, dieses Tor zu öffnen und an die dahinterliegenden Orte zu gelangen.

Setzen Sie Ihren Fuß über die Schwelle des Tores und schließen Sie es wieder.

Spüren Sie, wie Sie all Ihre Sorgen auf der anderen Seite des Tores hinter sich lassen.

Jetzt gehen Sie den vertrauten Waldpfad hinab.

Schauen Sie sich die hohen, gesunden Bäume und den üppigen Pflanzenwuchs an, während Sie dabei Ihren Weg fortsetzen.

Spüren Sie das Erdreich unter Ihren Sohlen und atmen Sie den Geruch der frischen Erde ein.

Genießen Sie den schönen, sonnigen Tag.

Gehen Sie weiter, bis Sie das Geräusch des Flusses in der Ferne hören.

Bewegen Sie sich schnellen Schrittes auf den Fluß zu.

Dort angekommen, verlassen Sie den Pfad und treten wieder auf das kühle, frische Gras.

Setzen Sie sich und lassen Sie den beruhigenden Klang des Flusses für einen Augenblick auf sich einwirken. Lauschen Sie auf das Zwitschern der Vögel in den Bäumen.

Betrachten Sie die bunten Wildblumen und die grünen Farnkräuter.

Atmen Sie tief durch und saugen Sie dabei die friedliche Austrahlung dieses Ortes in sich auf.

Gönnen Sie sich den Luxus, sich völlig im Augenblick aufzuhalten und nehmen Sie die Energie der Sie umgebenden Natur in sich auf.

Werfen Sie einen letzten Blick auf Ihre Umgebung, bevor Sie sich aufmachen, um den Fluß zu verlassen und Ihre Reise fortzusetzen.

Sobald Sie dazu bereit sind, kehren Sie wieder auf den verschlungenen Pfad zurück und folgen ihm, am Wasser entlang.

In nicht allzu großer Entfernung erblicken Sie jetzt eine blumenübersäte Wiese. Dahinter liegt ein ruhiger See.

Stellen Sie sich die Farbe des Wassers vor und bemerken Sie, wie vollkommen ruhig die Oberfläche des Sees dort liegt.

Achten Sie auf Fische, Enten, Gänse oder Schwäne.

Vielleicht halten sich auch andere Tiere dort auf.

Knieen Sie nieder und lassen Sie Ihre Hände in das Wasser vor Ihnen sinken. Spüren Sie seine frische Kühle. Blicken Sie in das Wasser und versuchen Sie, Ihr Spiegelbild darin zu erkennen.

Danach treten Sie einen Schritt vom Ufer zurück und erkunden die Umgebung, bis Sie einen bequemen Ort gefunden haben, an dem Sie sich niederlassen.

Suchen Sie sich einen sicheren und bequemen Platz, an den Sie gern und oft zurückkehren.

Atmen Sie solange tief ein, bis Sie eine tiefe Verbindung mit der Schönheit des Sees vor Ihren Augen empfinden.

Jetzt bemerken Sie ganz in Ihrer Nähe die Präsenz eines liebevollen Lichtes. Fühlen Sie, wie Sie von diesem heilenden Licht umhüllt werden.

Gestatten Sie diesem göttlichen Licht durch Ihren Körper zu strömen, Sie zu kräftigen und Ihre Stimmung zu heben.

Lassen Sie dieses Licht einige Zeit in sich wirken.

Erinnern Sie sich an eine Periode in Ihrem Leben, in der Sie sich bedinungslos geliebt fühlten.

Gehen Sie in dieser Erfahrung völlig auf. Fühlen Sie sich geliebt und akzeptiert.

Spüren Sie, wie sich Ihr Körper fühlt, wenn Sie daran denken, geliebt zu werden.

Denken Sie jetzt an eine Zeit in Ihrem Leben, in der Sie jemanden geliebt und akzeptiert haben.

Wie fühlt sich Ihr Körper an, wenn Sie jemanden lieben?

Stellen Sie sich jetzt vor, daß Sie Ihre Liebe in Form eines Lichtes aussenden. Führen Sie sich dabei die Farbe und die Form dieses Lichtes genau vor Augen.

Denken Sie nun an eine Person, mit der Sie dieses Licht teilen möchten.

Teilen Sie es mit der Person, die Ihnen spontan in den Sinn kommt, egal, um wen es sich dabei handelt.

Möglicherweise handelt es sich auch um mehrere Personen.

Stellen Sie sich vor, wie diese Person/en von Ihrem Licht und Ihrer Liebe umhüllt werden.

Fahren Sie fort, Ihre Liebe und Ihr Licht zu projizieren, bis Sie den Eindruck haben, daß die Person oder die Personen genügend davon absorbiert haben.

Trennen Sie sich von dem Bild und vertrauen Sie darauf, daß das Licht der betreffenden Person oder den Personen zu ihrem höchsten Nutzen dient.

Konzentrieren Sie sich nun wieder auf Ihre eigene Person.

Schauen Sie wieder auf den See und atmen Sie tief durch.

Schauen Sie noch einmal auf die Stelle, an der Sie gesessen haben, bevor Sie sich zum Aufbruch bereit machen.

Gehen Sie wieder auf den Pfad zu, der Sie vorhin an diesen Ort geführt hat.

Gehen Sie den Pfad entlang am Fluß zurück bis zu den hohen Bäumen.

Wenn Sie am Tor angekommen sind, gehen Sie hindurch und schließen es hinter sich.

Erinnern Sie sich noch einmal daran, daß Sie das soeben Erlebte und die damit verbundenden Gefühle mit sich nehmen können.

Atmen Sie noch einmal tief durch und kehren Sie in den Raum zurück, in dem Sie die Meditation begonnen haben.

Fühlen Sie, wie sich Ihre Muskeln im Verlauf der Meditation entspannt haben.

Fahren Sie nun mit Ihren Alltagsbeschäftigungen fort, dabei wohl wissend, daß Sie ein göttliches Geschenk erhalten und an jemand anderen weitergegeben haben.

Vierte Meditation

Im Verlauf dieser letzten Meditation, werden Sie wieder einen Spaziergang auf dem von Bäumen gesäumten Pfad unternehmen und noch einmal die Entspannung, die Schönheit und Ihre Erfahrung mit der göttlichen Kraft aus den vorangegangenen Meditationen durchleben.

Dann werden Sie den Pfad weitergehen, bis Sie an die Ufer eines gewaltigen Ozeans gelangen. Während Sie dort auf die Brandung lauschen, werden Sie bestimmte Ereignisse aus Ihrem Leben visualisieren und einen Begriff von Ihrem Schicksal und Ihrer Bestimmmung auf der Erde erhalten.

Zweck dieser Meditation ist es, Ihre Fähigkeit Dinge zu visualisieren zu benutzen, um bestimmte, in Ihrer Lebensgeschichte bereits vorhandene Hinweise zu erkennen, die Ihren Sinn und Ihr Gespür für Liebe und den Dienst an anderen Menschen verstärken werden.

MEDITATION

Beginnen Sie die Meditation, indem Sie tief durchatmen.

Atmen Sie langsam ein und aus und dehnen Sie dabei besonders Ihren Brustkorb und Ihren Bauch.

Wie fühlen Sie sich heute in Ihrem Körper?

Beginnen Sie mit Ihrer Betrachtung bei Ihren Füßen und setzen Sie die Reise Ihren Körper hinauf bis zum Kopf fort.

Vergessen Sie dabei nicht, eventuell verspannte Muskeln zu lockern, indem Sie sie anspannen und gleich darauf wieder entspannen.

Achten Sie darauf, daß Ihre Schulterblätter aufliegen und entspannt sind.

Fühlen Sie, wie sich die Muskeln in Ihrem Gesicht allmählich entspannen.

Jetzt zählen Sie in aller Ruhe bis zehn.

Atmen Sie drei Mal nacheinander durch die Nase ein und durch den Mund wieder aus.

Halten Sie den Atmen jeweils für vier Sekunden an, bevor Sie wieder ausatmen.

Fühlen Sie, wie Ihr Körper mit jedem Atemzug leichter wird.

Überprüfen Sie jetzt die Stellung Ihres Körpers und korrigieren Sie sie gegebenenfalls so, daß Sie bequem sitzen oder liegen.

Sobald Sie bereit sind, stellen Sie sich vor, daß Sie vor dem Tor aus den vorangegangenen Meditationen stehen.

Öffnen Sie das Tor und treten Sie hindurch.

Während Sie das Tor hinter sich wieder schließen, spüren Sie, wie alle Sorgen und Nöte auf der anderen Seite hinter Ihnen zurückbleiben.

Dann gehen Sie den vertrauten Pfad hinab.

Vergessen Sie dabei nicht, sich die Bäume und Blumen um Sie herum anzuschauen.

Folgen Sie dem sich am Fluß entlangwindenden Pfad.

Halten Sie einen Augenblick inne und schauen Sie zu, wie das Wasser über die Felsen strömt.

Jetzt setzen Sie ihren Weg fort, bis Sie in der Ferne den See erkennen. Anstatt darauf zuzugehen, wenden Sie Ihren Blick jedoch nach Rechts und entdecken einen weiteren Pfad, der auf eine niedrige Anhöhe zuführt.

Hinter dieser Anhöhe entdecken Sie am Horizont einen riesigen, flaschengrünen Ozean.

Während Sie sich auf den Hügel zubewegen, hören Sie bereits das Rauschen der Brandung und der Wellen, die am Ufer auslaufen.

Begeben Sie sich auf die Spitze des Hügels und genießen Sie für eine Weile die spektakuläre Aussicht.

Dann steigen Sie auf der anderen Seite des Hügels wieder hinab und gehen weiter, bis Sie den Sandstrand erreicht haben.

Beachten Sie die Färbung des Sandes und des Wassers.

Atmen Sie die salzige Meeresluft ein.

Gehen Sie eine Weile im Sand spazieren und machen Sie sich mit der neuen Umgebung vertraut.

Sobald Ihnen danach ist, setzen Sie sich direkt in den Sand, auf eine Decke oder unter einen Sonnenschirm.

Schauen Sie auf das Wasser hinaus und beobachten Sie, wie die Wellen an den Strand rollen.

Fühlen Sie, wie Ihre Haut von einer sanften kühlen Brise gestreift wird.

Beginnen Sie nun damit, das Ihnen bereits aus den vorhergehenden Meditationen bekannte Licht zu visualisieren.

Fühlen Sie wieder, wie dieses liebevolle Licht Ihren Körper einhüllt und ihn mit Energie versorgt.

Atmen Sie das Licht ein und spüren Sie, wie es jede Zelle Ihres Körpers durchströmt und stärkt.

Spüren Sie, daß dieser Ausdruck göttlicher Liebe Sie kennt, versteht und Sie von ihm bedingungslos geliebt werden.

Sie werden Ihre Gedanken nun auf einen anderen Gegenstand lenken, das liebevolle Licht jedoch in Ihrem Inneren behalten.

Ähnlich wie schon im Verlauf der dritten Meditation, werden Sie jetzt eine geistige Übung unternehmen.

Denken Sie dabei an jemanden, der Ihnen in letzter Zeit einen Gefallen getan hat.

Dabei kann es sich um jemanden handeln, der Ihnen im Aufzug zugelächelt hat, oder um jemanden, der Ihnen bei der Erfüllung einer Aufgabe behilflich war.

Achten Sie darauf, wie sich Ihr Körper anfühlt, wenn Sie sich an den betreffenden Vorfall erinnern.

Denken Sie sich jetzt etwas Besonderes aus, womit Sie jemanden in den nächsten vierundzwanzig Stunden eine Freude machen könnten.

Ihre freundliche Tat hilft anderen Menschen dabei, eine liebevolle Erfahrung zu machen. Diese Erfahrung verstärkt sich, breitet sich aus und macht unseren Planeten zu einem besseren Lebensraum.

Stellen Sie sich jetzt eine Welt vor, in der solche Handlungen normal sind und spontan auftreten, wo jeder liebt und seine Liebe an andere weitergibt. Wie würde sich die Welt verändern? Auf welche Weise würde der einzelne dadurch in seinem Wachstum und seiner individuellen Entwicklung gefördert?

Denken Sie für einen Augenblick über Ihr eigenes Leben nach und über die wichtigsten Ereignisse, die Ihnen seit Ihrer Geburt widerfahren sind.

Suchen Sie dabei nach einem durchgehenden roten Faden oder einer Thematik, die Sie als Ihre Bestimmung bezeichnen würden. Welchen Beitrag können Sie leisten?

Befassen Sie sich mit dieser Frage, solange Sie es wollen. Dann atmen Sie tief durch und merken mit einem Mal, daß die Sonne dabei ist, im Meer zu verschwinden, und daß es an der Zeit ist, zu Ihrem Pfad zurückzukehren.

Erheben Sie sich und folgen Sie dem Pfad zurück, auf dem Sie gekommen sind.

Steigen Sie die Anhöhe hinauf und bleiben Sie dort oben angekommen einen Augenblick stehen, um die Schönheit des Sonnenunterganges am Horizont zu genießen.

Setzen Sie Ihren Weg den Pfad hinab fort, bis Sie das Rauschen des Flusses in der Ferne hören können.

Gehen Sie am Fluß vorbei zu den hohen Bäumen und zu dem Tor.

Am Tor angekommen, öffnen Sie es langsam und treten hindurch.

Werden Sie sich jetzt wieder der Anwesenheit Ihres physischen Körpers bewußt und beginnen Sie langsam damit, sich wieder zu bewegen.

Bevor Sie in Ihren Alltag zurückkehren, erinnern Sie sich noch einmal an die eben zurückgelegte Reise und die Einsichten, die Sie dabei gewonnen haben. Verlassen Sie sich auf Ihre Intuition und beobachten Sie Ihre Umwelt genau.

Während Ihre Vision von sich selbst zur Realität wird, werden in Ihrem Leben Fügungen und Synchronien auftauchen.

Teil II

Die Celestine-Meditationen

Einführung
von James Redfield

Gegenwärtig werden wir Zeugen eines neu auftauchenden, spirituellen Bewußtseins auf unserem Planeten. Seit einigen Jahrzehnten verschmelzen die Erkenntnisse der modernen Physik und der Wachstumspsychologie mit östlichem Mystizismus und unseren westlichen religiösen Traditionen zu einer neuartigen Spiritualität, die tatsächlich gelebt und erfahren wird. Abgesehen von unserem Glauben an die Existenz des Göttlichen, sind wir in der Lage, das Göttliche in unserem Inneren wahrzunehmen und zu empfinden. Wir sind im Begriff, eine innere Verbindung mit der spirituellen Quelle herzustellen, die uns mit Energie versorgt und uns durch feine Intuitionen und oft rätselhaft erscheinende Fügungen zu leiten scheint.

Von allen traditionellen Disziplinen und Methoden, die das Eintreten in diesen zauberhaften Zustand ermöglichen, ist vermutlich keine andere so wirkungsvoll, wie die der Meditation und des Gebetes. Nur einige wenige Minuten pro Tag reichen zur Stabilisierung dieser zauberhaften Wahrnehmung aus. Während wir meditieren, verlangsamen wir unsere alltäglichen Empfindungen, entspannen uns von dem frenetischen Geschnatter unseres Egos und empfangen in der folgenden Stille eine Weisheit, die jenseits unseres gewöhnlichen Selbst liegt. Meine Frau Salle und ich haben uns monatelang auf der ganzen Welt mit Leuten unterhalten, die meditieren. Ebenso populär wie diese Diskussionen sind Salles Mediationen, die uns auf die, in der fünften Erkenntnis bereits erwähnte, mystische Verbindung und die in der achten Erkenntnis beschriebene Projektion positiver Energie unter Menschen zurückführt. Wir möchten Sie hiermit herzlich einladen, die folgenden Meditationen mit uns durchzuführen.

Jeder Mensch unterliegt von Zeit zu Zeit seinen Zweifeln und seinem Skeptizismus, doch verstehen gleichzeitig auch immer mehr Menschen die spirituelle Kraft, die wir aus Hoffnung und Visualisierung zu schöpfen imstande sind. Indem wir uns mit dem Göttlichen in uns verbinden, transformieren wir uns, und wenn wir uns die Zeit nehmen, gemeinsam zu meditieren und die Vision einer positiven Zukunft zu entwerfen, so sind wir in der Lage, die Welt zu transformieren.

Anleitung
zur Meditation

Hallo. Hier spricht Salle Merrill Redfield. Dieses Programm wurde entworfen, um Ihren Körper zu entspannen und Sie gleichzeitig zur Meditation anzuleiten. Seit Jahren beweisen zahlreiche Untersuchungen die zahlreichen lebensverbessernden Vorzüge der Meditation. Meditation hilft gegen Streß und Spannungszustände, sie hebt die Kreativität ebenso wie das allgemeine Wohlbefinden. Vor allen Dingen aber etabliert sie eine bewußte Verbindung mit dem Göttlichen.

Die folgende Meditation steht in Verbindung mit der Fünften Erkenntnis der *Prophezeiungen von Celestine*. Sie beginnt damit, daß Sie Ihren Körper entspannen und sich dann auf eine mentale Reise durch einen alten urwüchsigen Wald begeben. In diesem alten Wald angekommen, gestatten Sie es sich, die Schönheit dieser heiligen Örtlichkeit mit allen Sinnen in sich aufzunehmen und die dort existierende Liebe zu fühlen.

Sollten Ihre Gedanken an irgendeinem Punkt der Meditation abwandern, entspannen Sie sich und konzentrieren Sie sich erneut. Sie werden merken, daß Ihr Körper sich mit jedem weiteren Schritt in dieser Meditation tiefer entspannen wird und Sie es einfacher haben werden, der Meditation weiter zu folgen. Es können ebenfalls Intuitionen auftreten, die in Zusammenhang mit augenblicklich vorhandenen Problemen innerhalb Ihres Lebens stehen. Bevor Sie mit der Meditation beginnen, suchen Sie sich einen bequemen, ruhigen Ort. Vielleicht wollen Sie sich hinlegen, oder in einem weichen Sessel Platz nehmen. Die Meditation wird ungefähr fünfundzwanzig Minuten dauern. Gönnen Sie sich die volle Zeitspanne. Öffnen Sie sich für den Frieden und die Weisheit in Ihrem Inneren.

ERSTE MEDITATION

Beginnen wir die Meditation mit einer kurzen ge-
danklichen Reise durch Ihren Körper.

Schließen Sie die Augen und achten Sie auf etwai-
ge Signale Ihres Körpers. Sind Sie ruhig? Entspannt? Oder spüren Sie an bestimmten Teilen Ihres Körpers Verspannungen?

Lassen Sie den Eindruck vom Zustand Ihres Körpers einen Augenblick lang auf sich wirken. Welche Teile Ihres Körpers bedürfen der Entspannung? Liegen Ihre Schultern auf? Wie fühlt sich
Ihr Rücken an?

Sind Ihre Gesichtsmuskeln locker und entspannt?

Wie fühlen sich Ihre Beine an?

Wie Ihre Füße?

Atmen Sie jetzt tief durch, indem Sie langsam ein-
und wieder ausatmen.

Achten Sie darauf, wie sich Ihr Körper mit jedem
Atemzug entspannt.

Dann nehmen Sie die Anwesenheit eines weißen
Lichtes wahr, das sich direkt über Ihnen befindet.

Fühlen Sie, wie dieses Licht langsam in Ihren Körper strömt und sich dort ausbreitet.

Spüren Sie, wie es über Ihr Gesicht läuft, an Ihrem Nacken hinab, zwischen Ihren Schultern hindurch.

Diese liebevolle Energie stammt aus dem Universum und fließt Ihren Rücken hinab, wobei sie ihn entspannt und die Rückenmuskeln lockert.

Die Energie fließt an Ihrer Brust hinab, über Ihren Bauch, Ihren Unterkörper hinab, bis in Ihre Beine.

Fühlen Sie die Wärme dieses Lichtes, während es durch Ihre Füße strömt und aus Ihrem Körper austritt.

Jede Zelle Ihres Körpers wird von dem Licht absorbiert. Selbst der Raum zwischen den Zellen ist von Licht erfüllt.

Spüren Sie, wie jedes Atom Ihres Körpers vor Liebe vibriert. Wie ein Schwamm saugen Sie das Licht in sich auf.

Falls einer Ihrer Körperteile noch der Entspannung bedarf, senden Sie das Licht an die betreffende Stelle.

Stellen Sie sich vor, wie der betreffende Körperteil von Licht umgeben wird. Sie sollen wissen, daß es absolut sicher ist, diese Spannung freizugeben.

Ihr Körper wird von dem Licht gereinigt.

Entspannen Sie sich einfach.

Atmen Sie ein und wieder aus.

Atmen Sie ein und erlauben Sie Ihren Lungen dabei, sich zu weiten, dann atmen Sie wieder aus.

Spüren Sie, wie friedlich es um Sie wird.

Gemeinsam werden wir jetzt eine Reise in einen alten, überwucherten Wald unternehmen.

Stellen Sie sich vor, daß Sie mitten im Wald stehen. Die Sonne scheint und eine sanfte Brise weht Ihnen ins Gesicht.

Wohin Sie auch schauen, stehen kräftige, alte Bäume.

Schauen Sie in die Wipfel der Bäume, sehen Sie, wie hoch sie sind, wie stark ihre Äste sind und wie grün ihre Blätter.

Sie erkennen, daß die Bäume einen Baldachin über Ihrem Kopf bilden.

Durch die Äste hindurch schimmert der blaue Himmel.

Versenken Sie sich für eine Weile in die Sie umgebende Schönheit. Schauen Sie auf die majestätischen Bäume.

Beginnen Sie nun damit, einen Spaziergang durch den Wald zu unternehmen, und achten Sie dabei besonders auf die Farben und die Geräusche des Waldes. Ziehen Sie den satten Duft der Erde in die Nase ein und spüren Sie den weichen Waldboden unter Ihren Fußsohlen.

Ihr Körper fühlt sich durch Ihre Anwesenheit an diesem Ort gestärkt und voller Energie.

Sie sehen, wie das Sonnenlicht durch die Blätter auf einige der Bäume fällt.

Und während Sie Ihren Spaziergang durch den Wald fortsetzen, stellen Sie fest, daß Sie an einen besonderen Platz gelangt sind.

Sehen Sie sich um und finden Sie diesen Platz. Sie werden ihn an seiner Schönheit erkennen.

Gehen Sie zu diesem Platz und schauen Sie sich unterwegs die Farne und Pflanzen an.

Können Sie den Duft der Blüten riechen?

Erregt einer der umstehenden Bäume Ihre besondere Aufmerksamkeit?

Gehen Sie auf den Baum zu und legen Sie Ihre Hände auf seinen Stamm. Fühlen Sie seine Borke. Ist sie rauh oder glatt? Welche Form haben seine Blätter? Können Sie seine Wurzeln erkennen? Spüren Sie die lebensspendende Energie, die der Baum abgibt?

Drehen Sie sich um und stellen Sie sich mit dem Rücken gegen den Baum. Nehmen Sie seine Energie – die Energie der Schöpfung – in sich auf.

Gestatten Sie dieser Energie, Sie zu nähren.

Stellen Sie sich vor und fühlen Sie, wie die Energie des Baumes und des Waldes Sie umhüllt und mit Licht erfüllt.

Spüren Sie, wie leicht und stark Sie sind, wie sehr Sie durch Ihre Umwelt mit Energie aufgeladen wurden.

Fühlen Sie die Anwesenheit der göttlichen Energie.

Hören Sie auf die Geräusche und darauf, wie das Wasser in der Ferne rauscht.

Fühlen Sie sich an diesem Ort wie zu Hause.

Sie werden von den Elementen geliebt und genährt.

Setzen Sie sich bequem auf den Boden und berühren Sie wieder den Baum.

Merken Sie, wie ruhig Sie sich an diesem heiligen Ort fühlen?

Fühlen Sie die Anwesenheit spiritueller Wesen, die Sie führen und beschützen?

Lassen Sie sich einen Augenblick lang Zeit, um festzustellen, ob es irgendwelche Botschaften gibt, die Sie empfangen sollten. Sollte es Fragen geben, auf die Sie eine Antwort benötigen, so stellen Sie sie jetzt und hören Sie auf die Antworten, die das Universum für Sie bereithält.

Fühlen Sie den Frieden und die Weisheit. Vertrauen Sie auf die Richtigkeit der Informationen, die Sie jetzt erhalten.

Atmen Sie tief ein und machen Sie sich bewußt, wie wichtig Sie selbst für die spirituelle Entwicklung auf diesem Planeten sind.

Atmen Sie noch einmal tief ein und lassen Sie den Waldfrieden auf sich wirken.

Erheben Sie sich und strecken Sie Ihren leichten Körper. Spüren Sie Ihre Kraft.

Drehen Sie sich um und blicken Sie noch einmal auf Ihren besonderen Platz zurück. Wann immer Sie an diesen Ort zurückkehren wollen, wird er Sie erwarten.

Machen Sie sich jetzt auf den Weg und nehmen Sie die Weisheit und Ihren inneren Frieden mit auf den Weg.

Werden Sie sich wieder Ihres Körpers bewußt.

Atmen Sie langsam ein und aus und bewegen Sie sich vorsichtig.

Bevor Sie wieder völlig zu sich kommen, lassen Sie sich einen Augenblick Zeit, um Ihre Erfahrungen während der Meditation zu integrieren.

Vergessen Sie nicht, daß Sie ein wunderbares Lichtwesen sind.

Zweite Meditation

Die nun folgende, zweite Meditation ermöglicht Ihnen die Erfahrung einer Heilung in der Gruppe. Unter Bezugnahme auf die Achte Erkenntnis in den *Prophezeiungen von Celestine*, nimmt diese Meditation Sie mit auf eine Reise an einen schönen Strand, an einen riesigen Ozean.

Beim Spazierengehen entdecken Sie, daß Sie nicht allein sind. Sie treffen unterwegs auf andere Menschen, die irgendwie in Zusammenhang mit Ihrem spirituellen Wachstum stehen. Sie werden Teil einer bewußten spirituellen Gruppe, die ihre Energie auf die Empfindungen anderer und den Planeten richtet.

Wenn Menschen in spirituellen Gruppen aufeinandertreffen, legen sie ihre Energie zusammen. Ihre Gedanken gewinnen Klarheit und Weisheit. Es fällt uns in der Gruppe leichter, zu erkennen wer wir sind und weshalb wir gekommen sind. Wir spüren eine neue, liebevolle Kraft. Diese Liebe können wir aussenden, um denen zu helfen, die unsere Hilfe benötigen – das schließt uns selbst mit ein.

Die folgende Meditation wird ungefähr fünfundzwanzig Minuten dauern. Bevor Sie damit beginnen, sollten Sie sich einen bequemen Platz suchen. Nutzen Sie die zur Verfügung stehende Zeit, um eine Verbindung mit den Gruppenmitgliedern zu erfahren. Beruhigen Sie Ihren Körper und werden Sie Teil des Heilungsprozeßes des Planeten.

MEDITATION

Beginnen wir die Meditation, indem wir uns den Zustand unseres Körpers vor Augen führen.

Schließen Sie die Augen.

Atmen Sie tief ein und fühlen Sie Ihren Körper.

Achten Sie besonders darauf, welche Teile locker und entspannt und welche verkrampft und verspannt sind.

Wie fühlen sich Ihre Füße an? Sind Ihre Beine entspannt? Wie ist es um Ihre Hüften und Ihren Rücken bestellt?

Entspannen Sie Ihren Bauch und Ihre Brustregion. Liegen Ihre Schultern flach auf. Sind sie locker und entspannt? Wie fühlen sich Ihre Arme und Hände an?

Fühlen Sie Ihren Nacken, Hals und Gesicht.

Jetzt atmen Sie tief ein. Halten Sie den Atmen für eine Weile an und atmen Sie dann wieder aus.

Atmen Sie wieder ein und benutzen Sie den Atem, um sich und Ihren Körper zu entspannen. Achten Sie darauf, welche Körperteile sich entspannen und welche nicht.

Trennen Sie sich von soviel Spannung wie möglich.

Gemeinsam werden wir jetzt eine Reise an das Meer unternehmen.

Stellen Sie sich vor, an einem Strand zu stehen und auf das Meer hinauszuschauen.

Fühlen Sie den Sand unter Ihren Füßen und die wärmenden Strahlen der Sonne auf Ihrem Gesicht. Eine sanfte Brise umweht Ihren Körper. Es ist ein wunderschöner Tag. Der Himmel ist blau, und in der Ferne stehen ein paar weiße Schäfchenwolken am Firmament.

Lassen Sie sich gemächlich im Sand nieder. Lauschen Sie auf die Geräusche.

Fühlen Sie den Frieden und das rhythmische Rauschen des Meeres. Fällt Ihnen auf, wie klar und ruhig das Wasser ist?

Schauen Sie sich um und lassen Sie die Schönheit Ihrer Umgebung auf sich wirken. Hier sind Sie sicher und geschützt.

Allmählich entspannt sich Ihr Körper tiefer und tiefer.

Sie spüren, wie er allmählich seinen Platz im Sand findet. Ihr Körper wird von den Elementen gestärkt.

Stellen Sie sich vor, daß der Sand die gesamte Anspannung Ihres Körpers aufnimmt und Sie dadurch leichter werden. Mit einem Mal fühlen Sie
sich erfrischt.

Stehen Sie jetzt auf und strecken Sie Ihren leichten Körper.

Fühlen Sie, wie stark und leicht Sie sind.

Schlendern Sie jetzt ein Stück den Strand entlang.
Achten Sie auf die Farbe des Sandes. Spüren Sie
die Wärme der Sonne auf Ihrer Haut und das frische kühle Wasser um Ihre Füße. Während Sie gehen, werfen Sie einen Blick voraus und entdecken,
daß sich in der Ferne jemand auf Sie zubewegt.

Dieser Mensch geht leichten Schrittes und kommt
Ihnen bekannt vor. Sie verspüren den Drang, diesem Menschen körperlich nah zu sein und beide
gehen Sie aufeinander zu.

Beide strecken Sie die Arme aus und umarmen
einander. Sie halten sich fest in den Armen. Es ist
wie ein Wiedersehen.

Spüren Sie, wie schön es ist, gehalten zu werden.

Treten Sie jetzt einen Schritt zurück und sehen Sie
sich Ihr Gegenüber an. Worin besteht Ihre Verbindung zueinander?

Lassen Sie sich einen Augenblick Zeit, um zu verstehen, weshalb Sie beide entschieden haben, zu diesem Zeitpunkt und an diesem Ort zusammenzukommen. Wie können Sie sich gegenseitig auf Ihrem spirituellen Weg behilflich sein? Achten Sie darauf, ob Sie eventuell Botschaften füreinander haben.

Umgeben Sie Ihren Gefährten mit liebevollem Licht und unterstützenden Gedanken. Schauen Sie zu, wie Ihre Liebe akzeptiert wird. Ihr Gefährte sendet Ihnen ebenfalls liebevolle Gedanken.

Lassen Sie das Licht herein und akzeptieren Sie das Geschenk des Friedens.

Sehen Sie, wie Sie beide von dem liebenden Licht des Universums eingehüllt werden.

Atmen Sie tief ein und wieder aus. Fühlen Sie, daß sich Ihre Bestimmung mit der betreffenden Person für heute erfüllt hat.

Lassen Sie einander los und gehen Sie jeder Ihres Weges.

Während Sie Ihren Strandspaziergang fortsetzen, achten Sie besonders auf die Farben, die Geräusche und die Schönheit Ihrer Umgebung. Riechen Sie, wie salzig die Luft ist.

Im Weitergehen stellt sich allmählich ein Gefühl freudiger Erwartung bei Ihnen ein, so als ob gleich etwas Wunderbares passieren würde.

Schauen Sie zur Seite – nicht weit von Ihnen entfernt entdecken Sie eine Gruppe von Menschen, die im Kreis stehen und scheinbar auf Ihr Eintreffen warten.

Sie werden eingeladen, sich zu der Gruppe zu gesellen und während Sie sich langsam den Menschen nähern, begrüßt man Sie liebevoll.

Wer sind diese spirituellen Wesen? Erkennen Sie einige der Gesichter wieder?

Sie fühlen sich in ihrer Gesellschaft sicher und aufgenommen.

Stellen Sie sich in den Kreis und halten Sie die Hände der Menschen, die neben Ihnen im Kreis stehen.

Atmen Sie tief ein und fühlen Sie, wie sich Ihr Körper mit Energie auflädt. Ihre Verbindung mit diesen Menschen vermittelt Ihnen das Gefühl einer inneren Weite, die sich beständig ausdehnt. Sie fühlen, wie Ihre Lebensenergie die Energie der Menschen auf Ihrer Seite berührt und weiter expandiert, bis sie auch die Menschen berührt, die sich Ihnen gegenüber befinden.

Die liebevolle Energie der Mitglieder des Kreises vermischt sich. Sie haben einen heiligen Kreis der Liebe geschaffen.

Sehen Sie, wie sich das Zentrum des Kreises mit Licht gefüllt hat.

Innerhalb dieses Lichtes im Inneren des Kreises erkennen Sie jetzt ein Bild des Planeten Erde.

Die Energie der Gruppe fokusiert sich darauf, dem Planeten Liebe zu schicken und ihn zu heilen.

Empfinden Sie sich als Teil dieser Projektion. Gestatten Sie der göttlichen Energie, durch Sie hindurchzufließen.

Sehen Sie zu, wie unser wunderschöner Planet von Licht umhüllt wird. Sollten Ihnen bestimmte Regionen auf diesem Planeten einfallen, die besondere Aufmerksamkeit, besonders viel Liebe und Frieden benötigen, so senden Sie Licht an diese Orte.

Schauen Sie zu, wie das Bild der Erde schwächer wird und vertrauen Sie darauf, daß die von Ihnen gesandte liebevolle Energie ihre Wirkung erzielt.

Nun tauchen im inneren des Kreises Bilder jener Menschen auf, von denen Sie wissen, daß sie der Liebe und des Lichtes bedürfen. Betrachten Sie diese Menschen im Zentrum des Kreises und umgeben Sie sie mit heilendem Licht. Denken Sie dabei auch an jene, die nicht länger auf diesem Planten weilen, wohlwissend, daß auch sie in der Lage sind, Ihre Liebe zu empfinden.

Dann lassen Sie die Bilder wieder ziehen.

Vertrauen Sie darauf, daß diese von Ihnen soeben gesehenen Menschen Ihre Liebe und die von Ihnen gesandte heilende Kraft erhalten haben.

Jetzt ist die Reihe an Ihnen, in die Mitte des Kreises zu treten.

Lösen Sie sich von den Menschen an Ihrer Seite und treten Sie in das Zentrum des Kreises.

Stellen Sie sich vor, daß Sie von Licht umgeben werden.

Wenn ein Teil Ihres Körpers oder Ihrer Seele der Heilung bedürfen sollte, so schicken Sie das konzentrierte Licht an die betreffende Stelle. Verwenden Sie dabei so viel Liebe und Licht wie nur irgend möglich.

Machen Sie sich klar, daß Sie den Menschen um Sie herum vollkommen vertraut sind und von ihnen geliebt werden. Diese Menschen sind bereit, Ihnen alles zu geben, was nötig ist, um Sie zu heilen.

Einen Augenblick lang werden Sie jetzt feststellen, ob es an diesem Ort Botschaften gibt, die Sie empfangen sollten und die in Bezug zu Ihrer Aufgabe in dieser Welt stehen und dazu, wie Sie helfen können, diese Welt zu einem besseren Ort zu machen.

Hören Sie darauf, was das Universum Ihnen zu sagen hat.

Schauen Sie auf die Menschen, die Sie lieben und lassen Sie sie wissen, wie wichtig sie für Sie sind.

Zuletzt lassen Sie sich noch einen Moment Zeit, um den Frieden und die Kraft, die von diesem Ort ausgehen, in sich aufzunehmen.

Gestatten Sie nun, daß das Bild der Gruppe sich auflöst.

Vertrauen Sie darauf, daß Sie mit den Menschen aus der Gruppe jederzeit wieder zusammentreffen können.

Atmen Sie tief durch und bringen Sie die von Ihnen empfangene Liebe und Möglichkeit zur Heilung mit zurück.

Beginnen Sie, sich wieder mit der Realität Ihres Körpers vertraut zu machen.

Jetzt legen Sie Ihre Hände kreuzförmig auf die Gegend um Ihr Herz.

Fühlen Sie die ganze Liebe und die Heilkraft, die Sie kreiert haben.

Sobald Ihnen danach ist, legen Sie Ihre Hände in eine bequeme Position und beginnen allmählich damit, Ihren Körper vorsichtig zu bewegen.

Bevor Sie wieder völlig in den Alltag zurückkehren, lassen Sie sich einen Augenblick Zeit, um all die eben gemachten Erfahrungen zu integrieren.

Vergessen Sie nicht, daß Sie ein Lichtwesen sind. Jedes Mal, wenn Sie anderen Menschen in einem Heilprozeß begegnen, fördern Sie damit Ihre eigene spirituelle Entwicklung, die der anderen und die des ganzen Planeten. Ihr Weg ist wichtig für uns alle.

Teil III

Englischer Originaltext der Celestine-Meditationen

Preface by
James Redfield

At this moment in history a new spiritual aware-
ness is emerging on our planet. For decades, now,
insights from modern physics, growth psychology,
Eastern mysticism, as well as from our own West-
ern religious traditions have been synthesizing
into a new approached spirituality that is truly liv-
ed. No longer do we just talk of our potential for a
fuller spiritual life. We experience it. Beyond just a
belief in the divine, we find a direct perception of
the sacred within. We discover an inner connection with the spiritual that energizes our lives and
seems to guide us forward through subtle intuition
and mysterious coincidence. Of all the tradition
disciplines that help us stay in this magic state,
perhaps none enhances our lives more than prayer-
ful meditation. Just a few minutes a day can hold
our perceptions. In meditation we slow down, relax the ego's chatter and in our peacefulness receive a wisdom beyond ourselves. For months my
wife Sally and I have been speaking to individuals
throughout the world who are engaged in this process. Always as popular as our discussions are
Sally's mediations. Designed to guide us toward a
fifth insight mystical connection, and an eighth
insight projection of love toward each other. We in-
vite you join now in these meditations.

At times all of us feel surrounded by doubt and skepticism. But increasingly more people understand the spiritual power of hope and visualization. By connecting with God's force within, we transform ourselves. When we take the time to meditate together and to envision a positive future, we transform the world.

The Celestine Meditations

Hello. This is Sally Merrill Redfield. This audio program is designed to relax your body and guide you into meditation. For years, studies have shown that meditation has many life-enhancing benefits. It relieves stress and tension and promotes creativity and a sense of wellness. Most of all, meditation establishes a conscious connection with the divine. The meditation on this side of the tape corresponds with the fifth insight of the Celestine Prophecy. It begins by relaxing your body and then takes you on a mental journey through an old growth forest. While in the forest, allow yourself to fully perceive the beauty of this sacred place. Utilize all of your senses. Feel the love. If at any time during the meditation you find your mind wandering, just relax and bring your focus back to my voice. You will notice that each time you listen to the tape, your body will relax more deeply and you will follow my voice more easily. You may also experience intuitions that relate to your current life questions.

Before you begin the meditation, find a comfortable, quiet place. You may want to lie down or sit in a soft chair. The meditation will last about twenty-five minutes. Give this time fully to yourself. Open to the peacefulness and wisdom within.

First Meditation

Let's begin the meditation by taking a mental survey of your body.

Close your eyes and notice how your body feels. Is it calm? Relaxed? Or are there parts of you that feel tense and tight?

Just take a moment or two and notice your body. Notice which parts need to relax. Are your shoulders down? How does your back feel?

Is your face soft and relaxed?

How do your legs feel?

How about your feet?

Now take a deep breath and breathe in slowly, and release.

Each time you breathe in notice how it relaxes your body.

Begin to perceive the presence of a white light above you.

Feel the light begin to pour into your body.

Feel it flow down your face, down your neck, across your shoulders.

This loving energy from the universe flows down your back, softening and relaxing you.

It flows down your chest, down your stomach, all the way down your torso into your legs.

Feel the warmth of this light as it flows out your feet.

Feel every cell of your body become absorbed by the light. Even the spaces between the cells are full of light.

Feel every atom in your body vibrating with love. You are like a sponge absorbing the light.

If there is any part of your body that needs additional relaxing, send the light there.

See it surrounded by the loving light. Know that it is safe to release.

Your body is being washed clean by this light.

Just relax.

Breathe in and release.

Breathe in and allow your lungs to expand, and release.

Feel the peace.

Now, let's take a journey together to an old growth forest.

Visualize yourself standing in the middle of a forest. The sun is shining and there is a gentle breeze blowing on your face.

Everywhere you look there are strong, old trees.

Look up and notice how tall the trees are. How strong their branches are and how green the leaves.

Notice how they create a canopy above.

Look between the branches and see how blue the sky is.

Observe the beauty around you. Notice how majestic the trees are.

Begin to walk through the forest and observe the colors and the sounds. Smell the richness of the soil and feel the ground beneath your feet.

Your body feels nourished and energized by being here.

Notice how the sunlight shines through the leaves onto certain trees.

As you walk through the forest, begin to sense that there is a special place for you here.

Look around and find your special place. You will know it by its beauty.

Walk to this place and notice the ferns and plants around you.

Can you smell the blossoms?

Is there one particular tree that draws your attention?

Walk to that tree and place your hands upon it. Feel its bark. Is it rough? Is it smooth? What shape are its leaves? Can you see its roots? Can you feel its life-giving energy?

Turn around and place your back against the tree. Feel its energy, the energy of all creation.

Allow this energy to nurture you.

Feel as if the energy of the tree and the forest is surrounding you and filling you with light.

Feel how light and strong you are, how energized your surroundings have made you.

Feel the presence of divine energy.

Listen to the sounds and hear the water flowing in the distance.

Feel at home here.

You are loved and nourished by the elements.

Sit down comfortably and continue to touch the tree.

Notice how tranquil you feel in this sacred place.

Can you feel the presence of spiritual beings guiding and protecting you?

Take a moment and see if there are any messages you need to receive. If there are questions you need answered, ask them now and listen to the messages that the universe has for you.

Feel the peace and wisdom that you feel. Trust what you receive.

Breathe in deeply and know how important you are for the spiritual evolution of the planet.

Breathe in again and feel the peace of the forest.

Stand and stretch your light body and feel your strength.

Turn around and take another look at your special place. It is here for you any time you wish to return.

Move forward, bringing the wisdom and peace you feel within.

Begin to notice your body again.

Breathe in slowly and move around slightly.

Before you become fully present, take a moment to incorporate all that you experienced.

Remember, you are a beautiful being of light.

SECOND MEDITATION

This side of the program facilitates the experience of group healing. Corresponding to the eighth insight of the Celestine Prophecy, it takes you on a journey to a beautiful beach beside a vast ocean. By walking, you discover you are not alone. You meet others who somehow are involved in your spiritual growth. You become a part of a conscious spiritual group who directs their energy towards the feeling of others and the planet. When we come together in spiritual groups, we pool our energy. Our thoughts grow in clarity and wisdom. We see who we are and what we're here to do more clearly. We feel a new loving power. We can send this love out to help heal those in need, ourselves included. The meditation will last about twenty-five minutes. Before you begin, find a comfortable place. Use this time to fully experience the group connection. Calm your body and become a part of the healing of the world.

MEDITATION

Let's begin the meditation by taking a mental survey of your body.

Close your eyes.

Breathe in deeply and feel your body. Notice which parts of you are calm and relaxed and which parts are tight and tense.

Notice your feet. How do they feel? Are your legs relaxed? How about your hips and back?

Relax your stomach and chest. Are your shoulders down and relaxed? How do your arms and hands feel?

Feel your neck and face.

Now breathe in deeply. Hold it, and release.

Breathe in deeply and use the breath to relax your body. Notice again which parts have relaxed.

Release as much tension as you can.

Now let's take a journey together to the ocean.

Visualize yourself standing on a beach and looking out at the ocean.

Feel the sand beneath your feet and the warmth of the sun on your face. There is a gentle breeze blowing on your body. It is a beautiful day. The sky is blue and there are a few puffy white clouds in the distance.

Slowly sit down in the sand. Listen to the sounds.

Feel the peace and the rhythm of the ocean. Notice how clear and calm the water is.

Look all around you and observe the beauty. You are safe and protected.

Your body begins to relax more deeply.

You feel it begin to settle into the sand. Your body is being nourished by the elements.

Feel as if the sand is absorbing all of the tension in your body and you are becoming light. Refreshed.

Now stand and stretch your light body.

Feel how strong and light you are.

Begin to move forward and walk along the shore. Notice the color of the sand. Feel the warmth of the sun on your body and the coolness of the water on your feet. As you walk, look ahead and see that there is a figure approaching you in the distance.

This being walks lightly and seems familiar. You feel a pull to be near this person and you approach each other.

You reach for each other and embrace. You hold each other tightly. It is as if you are having a reunion.

Feel how wonderful it is to be held.

Now step back and observe this person. What is your connection to each other?

Take a moment to understand why you have chosen to be together at this time and in this place. How can you help further each other on your spiritual paths? See any messages you have for each other.

Begin to surround your companion with loving light and supportive thoughts. See your love being accepted. This person returns your love by sending you warm, loving thoughts.

Bring in the light. Accept the gift of peace.

See both of you being surrounded by the loving light of the universe.

Breathe in deeply and release. Feel that you have completed your reasons for joining this person at this time.

Release each other.

Continue your walk down the beach. Observe the colors, the sounds and the beauty. Smell the salty air.

Notice as you walk along that you begin to have a feeling of anticipation, as if something wonderful is about to happen. Look to your side and see a group of individuals further up the beach. They are standing in a circle. You feel as if they are waiting for you.

They are inviting you to be a part of their group. They greet you lovingly as you approach.

Who are these spiritual beings? Do you recognize any of their faces?

Feel safe and accepted by them.

Join their circle and hold hands with those on either side of you.

Take a deep breath in and feel your body becoming energized. Your connection with them makes you feel wider and more expansive. You feel your vital life energy begin to spread out and to touch the energy of those on either side of you. And now your energy spreads out and touches the life energy of those across from you. There is a blending of the loving energy of everyone in the circle. You have created a holy circle of love.

Now see the center of the circle, full of light.

And now, within the center, in the light, there is an image of the planet Earth.

The group energy is focusing love and healing onto the planet.

Feel a part of this projection. Allow the energy of the divine to flow through you.

See our beautiful planet being surrounded by light. If there are any particular places upon the planet that come to mind that are in need of special attention and love and peace, send them light.

See the image of the Earth begin to fade and trust that your loving energy made a difference.

Now, within the circle are the images of those you know who are in need of love and light. See them within the center of the circle and surround them with the healing light. Be sure to include those who are no longer on this planet, knowing they, too, can feel your love.

Release their images.

Trust that they have received the loving, healing energy that you have shared.

It is now your turn to be in the circle.

Release the hands of those beside you and walk to the center.

Feel as if you are surrounded by light.

If there is any part of you in need of healing, focus the light upon that part of yourself. Bring in as much love and light as you can.

Realize that there is a sense of being totally known and loved by these individuals. They are willing to give you all that you need in order to heal.

Take a moment and see if there are messages you need to receive regarding your mission and how you can help make the world a better place.

Listen to what the universe has to say to you. Now look out at those sending you love and let them know how much you appreciate them.

Take one last moment to feel the peace and nurturing of this place.

Allow the image of the group to dissipate.

Trust that you can be with them any time you choose.

Take a deep breath and bring back with you all of the love and healing you received.

Begin to notice your body again.

Now take your hands and place them across your heart's center.

Feel all the loving, healing energy you have created within them.

When you are ready, place your hands in a natural, comfortable position and move your body around gently.

Before you become fully present, take time to incorporate all that you experienced.

Remember, you are a being of light. Each time you join with others in the healing process, you help further the spiritual evolution of yourself, others and the planet. Your path is important to us all.

Teil IV

Interview mit
James Redfield und
Salle M. Redfield

Ein Gespräch mit Salle und James Redfield in Sedona, Arizona und Santa Monica, Kalifornien. März 1996

Frage: In Ihrem neuen Buch, *Die Zehnte Prophezeiung von Celestine* greifen Sie ein paar Themen auf, die bisher nicht in der Bestsellerliste für Belletristik zu finden waren. Unter anderem gehen Sie davon aus, daß jeder Mensch einer Seelengruppe angehört, die sich seit Jahrhunderten im Jenseits trifft und an der Erfüllung einer globalen Vision arbeitet...

James Redfield: Ja, in meinem ersten Buch, *Die Prophezeiungen von Celestine* ging es mir vor allem um das Verständnis der Synchronie und darum, was dieses Phänomen für den Menschen bedeutet: Die Wahrnehmung scheinbar merkwürdiger Zufälle, die unserem Leben eine schicksalhafte Komponente verleihen und uns den Eindruck vermitteln, Teil eines sinnvollen und bedeutenden Ganzen zu sein. Mit anderen Worten, ein Schicksal zu haben, das sich durch das Eintreffen von Synchronien erfüllt. Der nächste logische Schritt bestand nun darin, die Wahrnehmung dieser scheinbaren Zufälle genauer zu untersuchen und dabei bin ich zu dem Schluß gekommen, daß es sich bei dieser Wahrnehmung in Wirklichkeit um Erinnerung handelt. Der Mensch erinnert sich daran, daß er geplant hatte, bestimmte Orte aufzusuchen und dort bestimmten Aktivitäten nachzugehen – so-

bald diese scheinbaren Zufälle über sich hinaus-
weisen. Dann erhält unsere Existenz mit einem
Mal den Anschein eines sich erfüllenden Schick-
sals und ergibt einen Sinn.

Frage: Soll das bedeuten, daß unsere Leben vor-
herbestimmt sind?

James Redfield: Soweit würde ich nicht gehen.
Die Zehnte Prophezeiung beschäftigt sich damit,
wie und mit welcher Vision wir in diese Welt geboren werden. Eine Vision, die bereits im Jenseits
und vor der Geburt existiert. Sobald wir das Licht
dieser Welt erblicken, vergessen wir zunächst einmal weshalb wir eigentlich gekommen sind, was
wir mit unseren Leben vorhatten und worin unser
Beitrag zu einer Erhöhung des Bewußtseins beste-
hen könnte. Alles was wir haben sind Intuitionen
und jedes Mal, wenn sich eine der Intuitionen erfüllt, fühlen wir uns ein wenig lebendiger. Meiner
Ansicht nach, kommt jeder Mensch mit der Aufgabe auf die Welt neue Informationen in den Ge-
samtpool irdischen Bewußtseins einzuspeisen. Dabei muß es sich durchaus nicht immer um etwas
Großartiges wie eine neue Philosophie, einen Spiel-
film oder einen Roman handeln. Jeder Mensch
kann in seinem Umfeld einen adäquaten Beitrag
leisten.

In der *Zehnten Prophezeiung* geht es darum, daß
wir uns erinnern müssen, weshalb wir ursprüng-
lich gekommen sind und darum, unser Empfinden

von Synchronie in das richtige Verhältnis zu setzen. Aber natürlich haben wir auch einen freien Willen und müssen unserer Erinnerung und unserer Vision nicht unbedingt Folge leisten – wir können unser Leben genausogut damit zubringen den ganzen Tag zu surfen, anstatt Menschen zu begegnen, die für uns wertvolle Informationen tragen. Wer sich allerdings auf die Suche nach seinem Pfad macht und mit der Originalabsicht seiner Geburt in Berührung kommt, wird sich lebendiger und verwirklicht fühlen. Eine Tatsache, die für das neue Interesse an Spiritualität auf der ganzen Welt verantwortlich ist.

Frage: Stellen Seelengruppen somit die Familien der Zukunft dar?

James Redfield: (lacht) Das ist eine interessante Frage. Oftmals sind unsere Blutsverwandten auch Mitglieder unserer Seelengruppe. Der traditionelle Familienverband ist von großer Wichtigkeit, dort haben wir unsere ersten Begegnungen mit anderen Menschen, wir werden sozialisiert und nehmen eine erste Weltsicht an, die mit zunehmendem Alter und zunehmender Individualisierung immer präziser wird. Seelengruppen finden sich meiner Erfahrung nach vor allem innerhalb bestimmter Berufsgruppierungen. Eines der Hauptthemen meines neuen Buches besteht darin, daß jede Berufsgruppe ihre wahre Aufgabe auf diesem Planeten findet und erfüllt. Ein sicherer Weg diese Welt zu

einem spirituelleren, menschlicheren und ange-
nehmeren Ort zu machen, bestände darin, die In-
stitutionen dieser Welt zu verändern. Als Institutio-
nen werden sie bestehenbleiben, doch in ihrer
neuen Rolle können sie die ganze Welt verändern.

Frage: Indem man zum Beispiel die Familie nicht
nur als Keimzelle für Arbeitskräfte betrachtet?

James Redfield: Zum Beispiel indem man die Familie spiritualisiert. Ich spreche dabei gar nicht
von revolutionären Veränderungen, sondern eher
von einer Renaissance alter Traditionen.

Frage: Ihre *Zehnte Prophezeiung* legt doch sehr
nachdrücklich nahe, daß die Zeit für eine ein-
schneidende Veränderung auf diesem Planeten gekommen ist.

James Redfield: Mit zunehmender spiritueller
Entwicklung, muß der einzelne eine größere Ver-
antwortung für die Zukunft übernehmen. Mehr als
wir vielleicht wahrhaben wollen, beeinflussen wir
die Zukunft durch das was wir denken. Jeder Ge-
danke daran, wie die Zukunft aussehen könnte,
hilft dabei, sie auch in diesem Sinn zu manifestieren. Deshalb sollten wir sehr vorsichtig mit apoka-
lyptischen, negativen Gedanken umgehen, denn
sie neigen dazu sich selbst zu erfüllen. Es ist besser, mit der Vision von einer spirituellen Renaissance und Transformation zu leben, um ein huma-

neres und spirituelleres Leben auf diesem Planeten zu etablieren.

Frage: Heißt das, daß wir unsere Gegenwart und
Zukunft durch unser Denken manifestieren? Daß
ein Phänomen, wie zum Beispiel UFOs, die seit
den Fünfziger Jahren immer häufiger in der Öffentlichkeit gesichtet werden, eine Manifestation
des kollektiven Bewußtseins oder Unterbewußt-
seins sind?

James Redfield: Ja und nein. Natürlich ist unsere
Zukunft nicht auschließlich von unseren Gedanken abhängig. Sich die Zukunft auszumalen, hat
nicht annährend die gleiche Kraft, wie sich an die
Zukunft zu erinnern. Mit anderen Worten: Wir erinnern uns an die Zukunft, die wir schaffen woll-
ten – nicht nur für uns persönlich, sondern für die
ganze Welt. Wir kommen in Kontakt mit einem
übergreifenden Plan, der aus einer positiven und
liebenden Quelle stammt, die gewöhnlich als
Schöpfer oder Gott bezeichnet wird. Durch die
Aufnahme einer Verbindung mit dieser Quelle
wird es uns möglich, uns daran zu erinnern, weshalb wir als menschliches Kollektiv auf diesen Planeten gekommen sind. Wir müssen uns sehr genau daran erinnern, und auch daran, was die göttliche Quelle mit der menschlichen Erfahrung eigentlich bezweckt. Erst wenn wir dies begriffen haben, wird es uns gelingen, eine Zukunft zu planen,
die unsere ursprüngliche Intention ebenso bein-

haltet, wie die der göttlichen Kraft. Um jetzt zu den UFO's zu kommen....

Frage: Die waren lediglich ein Beispiel...

James Redfield: Ja natürlich, aber sie sind ein gutes Beispiel. Ich glaube es war C.G. Jung, der diese unbekannten fliegenden Objekte für Manifestationen eines menschlichen Archetypes hielt – was sie übrigens nicht weniger real macht.

UFO's sind Ausdruck einer Dimension im Jenseits und eher mit den uns bekannten Engeln verwandt, als mit Raumfahrern, die aus einer entfernten Galaxie zu uns stoßen. Meiner Ansicht nach existiert ein fortschreitender Dialog der Menschheit mit dem Jenseits und sobald wir einmal die Furcht vor etwas Ominösem, wie den Außerirdischen, überwunden haben und in eine positive Korrespondenz mit ihnen getreten sind, können sie uns dabei behilflich sein, mit unserer eigenen Spiritualität in Kontakt zu kommen und uns an unsere ursprüngliche Vision zu erinnern.

Frage: Diese Erinnerung ist das Wichtigste im Leben eines Menschen?

James Redfield: Nicht nur das Wichtigste, sondern auch das Freudigste.

Frage: Und wie findet ein Mensch seine Vision?

James Redfield: Zunächst einmal, indem wir unsere Neigung dazu, andere und den Fluß der Dinge zu kontrollieren aufgeben. Es ist wichtig, ein ausgeprägtes Selbstvertrauen zu besitzen und zu wissen, wo man sich auf dem Weg befindet und dazu ist ein Ego vonnöten. Doch wenn dieses Ego überhand nimmt, oder zuviel Furcht ins Spiel kommt, neigt der Mensch dazu zu kontrollieren. In furchterregenden Situationen flüchten wir uns in unsere Kontrolldramen, um uns sicherer zu fühlen, und Energie von unseren Mitmenschen abzuzapfen, anstatt spontan für ein Abenteuer mit offenem Ausgang bereit zu sein.

Unsere wirkliche Aufgabe besteht darin, mit uns selbst und unserem Leben ins Reine zu kommen und uns in der eigenen Haut wohl genug zu fühlen, um die alten Kontrollmuster zu durchbrechen. Dann erhalten wir Zugang zu unserer eigenen Energie, die aus einer unerschöpflichen Quelle der Sicherheit stammt. Alle Mystiker, aller Religionen sind sich darüber einig, daß der Mensch die Verbindung mit Gott und der Quelle seiner Kraft in seinem Inneren herstellen muß. Erst dann wird er in der Lage sein, sein Leben in vollen Zügen zu genießen.

Frage: In vielen Regionen auf dieser Welt, sind die Menschen offenbar sehr weit davon entfernt, ihr Leben zu genießen. Auf welche Weise manifestiert sich Ihrer Meinung nach etwas, wie der Konflikt im ehemaligen Jugoslawien ?

James Redfield: Furcht erzeugt Gewalt. Je mehr Furcht die Menschen haben, desto rach- oder haßsüchtiger werden sie, um ihre Angst nicht mehr spüren zu müssen. Zur gleichen Zeit gibt es jedoch auf der ganzen Welt eine immer stärker werdende spirtuelle Bewegung. In der *Zehnten Prophezeiung* spreche ich von der zunehmenden Polarisierung zwischen den Menschen, die auf alle Veränderungen mit Furcht, und jenen, die darauf mit Liebe reagieren. Historisch gesehen, befinden wir uns an einer wichtigen Kreuzung und es ist wichtiger als je zuvor, sich mit einer liebevollen Projektion zu identifizieren.

Frage: Meistens richtet sich diese liebevolle Projektion auf ein begehrenswertes Objekt oder eine Person.

James Redfield: Das ist Furcht und keine Liebe.

Frage: Wie definieren Sie Liebe?

James Redfield: Liebe ist ein Grundgefühl, das aus einer Verbindung mit der göttlichen Quelle stammt. Es ist entweder vorhanden oder nicht. Und wenn jemand keine stabile Verbindung zu dieser Liebe in seinem Leben hat, muß er sich zuerst darum bemühen, sie herzustellen. Alles andere, alle anderen Erkenntnisse in meinen Büchern kommen aus der Verbindung mit dieser Liebe in unserem Inneren.

Salle Redfield: Meditation und Gebet sind die klassischen Wege, um mit dieser Quelle Kontakt aufzunehmen, denn die Voraussetzung für das Erfahren dieser Verbindung ist ein ausgeglichener Verstand und ein gesunder Körper, damit diese Verbindung nicht permanent unterbrochen wird.

James Redfield: Tanz und Bewegung eignen sich ebenfalls hervorrragend, um diese Verbindung herzustellen.

Frage: Das neue Buch beginnt mit einem Vers aus den Offenbarungen.

James Redfield: Ja?

Frage: Wie weit ist die Menscheit von Himmel oder Hölle entfernt?

James Redfield: (lacht) Das wird im wesentlichen davon abhängen, wie wir uns im Verlauf der nächsten Jahre verhalten. Ob wir uns im Angesicht unserer Erinnerung vereinigen und den Himmel auf Erden errichten oder nicht.

Frage: Wird die Menschheit erst einmal eine Apokalypse erfahren müssen, bevor es zum Licht geht?

James Redfield: Ja. Davon handelt auch *Die Zehnte Prophezeiung*. Ich gehe davon aus, daß alle in der Welt wirkenden Kräfte sich irgendwann an einem Tisch versammeln werden müssen. Dies gilt besonders für gewisse materialistische und sekuläre Technologien und fundamentalistische Religionen, die an der Zerstörung Andersdenkender interessiert sind. Diese beiden Kräfte müssen erreicht – nicht zerstört – werden, in dem sie mit der neuen spirituellen Vision in Kontakt gebracht werden.

Wenn es uns gelingt, diese Kräfte mit ihrer eigentlichen Vision zu verbinden, setzen wir so auch gleichzeitig unserem Untergang ein Ende. Wir müssen nicht unbedingt einen physischen Krieg oder eine Reihe von ökologischen Katastrophen durchleben, auch wenn mittlerweile viele Leute dafür zu beten scheinen, daß der Weltuntergang endlich eintritt.

Frage: Die dunkle Seite, das Böse, sind dies nicht feste Bestandteile der menschlichen Psyche?

James Redfield: Daran glaube ich nicht.

Frage: Schreiben Sie ihre Bücher wie ein gewöhnlicher Autor, oder erhalten Sie ihre Informationen aus einer anderen Welt?

James Redfield: (lacht) Fast alles was ich schreibe, entspringt meiner Intuition und hat eine Entsprechung innerhalb meines Privatlebens. Kapitelüberschriften, Absätze und Szenen tauchen in wilder Reihenfolge auf, bis ich schließlich einen

Anfang und ein Ende habe. Allerdings ist das Resultat meiner Bemühungen niemals so zufriedenstellend, wie ich es mir vorgestellt habe.

Frage: Was inspiriert Sie zum Schreiben?

James Redfield: Unberührte Natur. Heilige oder geweihte Plätz, wie Machu Pichu, Stonehenge und viele Orte in den Vereinigten Staaten, wo ich spirituelle Erlebnisse hatte. Dabei ist besonders der amerikanische Urwald zu nennen, für dessen Erhaltung wir uns verstärkt einsetzen.

Frage: Natur spielt auch eine große Rolle in den Meditationen zu den *Prophezeiungen von Celestine.*

Salle Redfield: Durch Pflanzen und Tiere nimmt der Mensch beinahe automatisch eine natürliche Verbindung zu seiner Umwelt auf. Der Rhythmus des Ozeans ähnelt dem des menschlichen Körpers. Er wirkt wie ein ewiges Mantra. Manchmal reicht auch die Badewanne (lacht).

Frage: Worin liegt der Grund für den Erfolg Ihrer Bücher?

James Redfield: Die zehn Erkenntnisse, über die ich in meinen beiden Romanen geschrieben habe, ereignen sich synchron auf der ganzen Welt. »Genau, das habe ich auch gerade erlebt,« sagten mir

121

die meisten Leser nach der Lektüre. Durch meine Romane scheinen diese Vorkommnisse allerdings aus dem privaten Rahmen in eine spiritualisierte Öffentlichkeit getragen worden zu sein, in der es scheinbar leichter ist, sie mit anderen zu teilen. Insofern bin ich lediglich ein Journalist, der Tatsachen recherchiert und intuitiv zu einer Story zusammenfügt.

Frage: Werden Sie stattdessen nicht mittlerweile zum Guru ausgerufen?

James Redfield: Meine beiden Romane haben auf der ganzen Welt, außer in Frankreich, einen Dialog ausgelöst und angeregt durch das Begleitbuch finden sich überall spontan Gruppen zusammen, die mit den Erkenntnissen arbeiten. Ich möchte jedoch kein Guru sein. Die Zeit der Gurus und der spirituellen Führer ist passé und die Menschen lernen gegenwärtig, sich selbst als spirtuelle Quelle zu entdecken und zu verstehen und mit anderen darüber zu kommunizieren. Daraus resultiert eine vollkommen neue Kultur.

Salle Redfield: Meditation ist das beste Werkzeug, um Zugang zu unserem eigenen Unterbewußtsein zu bekommen und Kontakt mit der Quelle in uns aufzunehmen – ebenso mit einer anderen Dimension.

Frage: Hat sich ihr eigenes Leben verändert, seitdem Sie diesen enormen Erfolg hatten?

James Redfield: Nicht sonderlich. Wir verbringen viel Zeit allein und besitzen Land in Alabama, wohin wir uns zurückziehen. Auf der Straße erkennt man mich nicht oft und damit dies so bleibt, habe ich bei meinem neuen Buch auf ein Photo verzichtet.

Frage: Was ist die Aufgabe des Menschen auf diesem Planeten?

James Redfield: Wir sind hier um in dieser Dimension eine spirituelle Realität zu schaffen. Jede Generation fügt zu dieser Realität etwas hinzu und meiner Ansicht nach gibt es eine konstante Bewegung hin zu einem spirituellen Utopia – durchsetzt von einigen extrem grauenhaften Ereignissen. Trotzdem ist jeder Mensch geboren worden, um einen positiven Beitrag zu leisten. Wird die Angst zu groß, fällt der Beitrag negativ aus.

Frage: Es muß also nicht zwangsläufig ein gutes Ende nehmen?

James Redfield: Jeder muß für sich entscheiden. Jeder muß soviel Verbindung mit der Quelle haben wie irgend möglich und begreifen, daß sein Leben ein in letzter Konsequenz großartiges Abenteuer ist, das ihn seiner Bestimmung zuführt.

Interview: Olaf Kraemer

Silva Mind Der Schlüssel zur inneren Kraft

JOSÉ SILVA
MIT ROBERT B. STONE
DER SILVA-MIND SCHLÜSSEL ZUM INNEREN HELFER
Mit der Silva-Mind Methode finden Sie den Weg zu Ihren verborgenen Kräften

ESOTERISCHES WISSEN

08/9599

Außerdem lieferbar:

José Silva/Philip Miele
Silva Mind Control
Die universelle Methode zur Steigerung der Kreativität und Leistungsfähigkeit des menschlichen Geistes
08/9538

José Silva/Burt Goldman
Die Silva-Mind-Methode
Das Praxisbuch
08/9549

Robert B. Stone
Der Weg zu Silva Mind
Das Geheimnis der Silva Mind Methode und die Geschichte ihres Begründers José Silva
08/9615

José Silva/Robert B. Stone
Die Silva Mind-Control-Methode für Führungskräfte
22/247

Wilhelm Heyne Verlag
München

Anne und Daniel Meurois-Givaudan

*»Ich habe Euch nur
ein Gesetz zu
verkünden: dasjenige
Eures Herzens…«*

aus:
Vom Geist der Sonne

Essener Erinnerungen
*Eine Rückbesinnung auf die
Wurzeln des Jesus von Nazereth*
08/9620

Der Weg der Essener
08/9646

Vom Geist der Sonne
*Die Friedensbotschaft der
Lichtgestalt aus Damaskus*
08/9674

Heyne-Taschenbücher

Norman Vincent Peale

*Positive Gedanken
für jeden Tag*

Heyne - Taschenbücher

Spirituelle Erfahrungen

*Frauen schreiben
über ihre esoterischen
Begegnungen*

Florinda Donner
Traumwache
*Eine Frau geht den Weg
der Yaqui-Schamanen*
08/9681

Safi Nidiaye
Den Weg des Herzens gehen
*Eine Frau findet zu ihrer
inneren Stimme*
08/9682

Triana Hill
Nicht von dieser Welt
*Eine Frau löst das Geheimnis
ihrer Herkunft*
08/9683

Ruth Fischer-Fackelmann
Fliegender Pfeil
*Eine Frau folgt dem Ruf des
Ayahuasca in den Dschungel
Brasiliens*
08/9684

Heyne-Taschenbücher